佐賀偉人伝 01

鍋島直正

杉谷 昭 著

佐賀偉人伝01　鍋島直正目次

岩倉使節団（『蘭学館』武雄市図書館・歴史資料館）右から大久保利通、伊藤博文、岩倉具視、山口尚芳、木戸孝允。

序章　日本開化の先駆者

サンフランシスコからの手紙

明治五年（一八七二）一月下旬、太政大臣三条実美《さんじょうさねとみ》のもとに一通の手紙がとどいた。前年、明治四年十一月十二日に、使節団をひきいて特命全権大使として諸外国歴訪のためにアメリカへ向けて出港し、サンフランシスコのグランドホテルに滞在中の右大臣岩倉具視《いわくらともみ》からのものであった。日付は明治四年十二月二十一日、理事官東久世通禧《ひがしくぜみちとみ》（宮内省侍従長）の代筆による、十五項目からなる報告書であった。

その第四項をみると、「出発前（十一月五日）、急に願いでて、旧佐賀藩士久《く》米《め》邦武《くにたけ》を条約改正使節団の随員に登用したが、その使命は機密史官としての記録係であって、外務省の管轄の書記官とは別に、公私混交の立場で自由に見聞したところを記録させ、天皇上覧のことも考えての配慮であることを御賢考いただきたい。参議をはじめ、外務省の副島種臣《そえじまたねおみ》や寺島宗則《てらしまむねのり》などにも了解を得ている。清書もしないまま、草案を提出する」というような内容の提案であった。また「岩倉家蔵書類」にある明治四年十二月十九日付の三条宛岩倉書翰にも同様の内容がみられ、明治五年二月二日付の岩倉宛三条書翰には「久米少史に命じたという記録・草稿がまだとどかないが、とどいたら早速、天皇の御覧に呈したい」とあり、青年天皇の外国史研究資料として久米邦武の記録が期待されていたこともわかり、侍従長の意向も推察できる。

この久米邦武の人選については、かねて岩倉が信頼を寄せていた佐賀藩主鍋《なべ》島閑叟《しまかんそう》や、佐賀藩が長崎に設けた英学校の致遠館《ちえんかん》の教師であったアメリカ人宣教師フルベッキ、また大隈重信《おおくましげのぶ》らの推薦があったとされる（『文学博士易堂先生小伝』）。岩倉は使節団に、具定《ともさだ》、具経《ともつね》の二人の息子と、養子の具綱《ともつな》を同伴しているのだが、かつてその教育を閑叟にゆだねている。

鍋島閑叟は、これにさきだって明治四年一月十八日に他界していた。そして同月二十三日には、従二位から正二位への昇叙があった。このことについては、「岩倉家蔵書類」にある明治四年二月十四日付の福井藩主松平慶永《まつだいらよしなが》（閑叟の継室・田安家筆姫の兄）の岩倉宛書翰に、閑叟の遠逝はまことに気の毒としながら、「その功績には浅からざるものがあるので正二位を宣下されることを内々に言上〔申請〕しておいた」とあることから、明治新政府の元議定、民部卿、大蔵卿などを歴任した松平慶永（春嶽）の推薦があったと推察される。

松平慶永は、義兄という立場からではなく、鍋島閑叟を客観的に尊敬していた理由を、つぎのようにのべている（『逸事史補』）。

閑叟公は、数年の経歴にして、尊王の志は尤《もつと》もあるべけれども、斉彬〔島津〕、烈公〔水戸斉昭〕如きにはあらず。是も国政を重《おも》に改正致され候て、後来外国交際の道を開く事を十分腹中に蓄えられ候えども、天下皆攘夷故、或は幕府へ建言致され、朝廷へ建白皆攘夷を主とせらる丶なり。しかれども、鉄炮其外《そのほか》西洋器械等取り寄せられ、国許において専ら執行之《これ》有り、御一新以来、本心顕然して、外国交際の事に尽くされたり。副島種臣・大隈〔重信〕其外の勅奏任官も、皆閑叟公の餘沢にして、是等の人物を造られしなり。兎角《とかく》大名の名高きは、主人よりも家来に英雄道徳才智あるもの多ければ、自然に其主人の名も名高くなるものなり。島津斉彬・閑叟の如きは、家来よりも主人の方が頗る賢才道徳あるを以て、能き家来も出来たり。決《けつし》て家来に使役せらる丶殿様にはあらざるなり。

全国二八六藩中、石高三十五万七千石で第八位の佐賀藩にあって、鍋島閑叟は第十代藩主として幕末の藩政改革を推進し、時に「算盤大名《そろばんだいみよう》」とよばれ揶揄されながらも大きな成果を収めた。また、番役として長崎警備を勤めることにより明敏に世界情勢の動向を察知した閑叟は、いちはやく蘭学を奨励し、他藩にさきがけて西洋医学と軍事科学を導入して「蘭癖大名《らんぺきだいみよう》」とよばれた。後年、明治三十三年三月に従一位に昇叙されている。

岩倉使節団の背景

久米邦武が起用された岩倉使節団の計画は、もともと前出のフルベッキの助言(明治四年五月二日)のもとに大隈重信が立案して、明治四年八月ごろには、派遣されることは閣議で一応内決していた。一説によると、原案では三条実美使節団構想であったものが、太政大臣外遊というのは無理なので、岩倉具視首班に変更されたともいう。詳細は杉谷昭「大隈重信による条約政正計画」にゆずるが、フルベッキが大隈に与えたブリーフ・スケッチ(条約改正手続きのメモ)を岩倉が改めてフルベッキから入手し(明治四年十月二十六日)、直ちに実行に移したのであった。

フルベッキは、使節団派遣のメモは基本理念は「信仰の種をまこうとして」書いたものであり、信教の自由を理解することで日本は条約改正も達成できるという希望的観測を抱いていたと考えられる。フルベッキが福井藩主松平慶永の要望でアメリカから招いた化学の教師グリフィスも、フルベッキの計画では、あらゆる政治的党派や宗教的宗派からの代表の参加と派遣が考えられており、使節団の組織、旅程、事務手続など、詳細に用意されていたと証言している。

事実、使節団は訪問先の各国で日本におけるキリスト教に対する禁教令の存在を非難されており、一説には、使節団が急遽本国に訓令を送ったため、外遊中の明治六年二月二十四日に禁教の高札は撤回され、信仰黙許のかたちとなったというが、この「訓令」の存否に関しては定説はない（田中彰『岩倉使節団〈米欧回覧実記〉』、山崎渾子『岩倉使節団における宗教問題』）。

大隈の回顧談によると、次のようになる（『大隈伯昔日譚』）。

> 使節派遣の事は、素《も》と余の発議にかゝり、余は自ら進んで使節の任に当らんことを望み、且《かつ》時の内閣の大立物、政治の原動者として重望を嘱せらるゝ木戸〔孝允〕、大久保〔利通〕の如きは、留《とどま》りて内政の整理に尽瘁《じんすい》するこそ宜《よろし》からんと思いしに、世は意外の点に結果を見るものにて、留まるべしと思いし木戸、大久保は留らずして外に出て、往かんと思いし余は往く能《あた》わずして内に留り、内外の衝に当りて其実権実務を掌握するの大任を負わざるべからざるに至りしこそ是非なけれ。

かくして使節団員四十六名、これに留学生四十三名が同行したが、この留学生のうちには、閑叟の宿願を果たすべく、旧第十一代佐賀藩主鍋島直大《なべしまなおひろ》がふくまれていたことに注目したい。

このことについては、久米邦武の名著『鍋島直正公伝』第六巻によると、岩倉使節団に参加する計画より前に、洋行する直大の随行者として久米が予定されていたことにも因縁があり、安政二年七月二十五日（一八五五年九月六日）、

特命全権イタリア公使鍋島直大（後列右から２人め）／佐賀城本丸歴史館蔵

オランダの蒸気軍艦スンビン号を誘導してきたヘデー号の艦長ファビウスが、艦を訪問した閑叟について次のように記している（ファビウス『日本駐留日記』）。

私〔ファビウス〕がその王子〔当時十歳の直大〕をオランダにともなって帰り、一年後に連れ戻すと申し出ると、「いいや、行けるようになったら、息子ではなく、私自身が直ちにオランダに出かけたい」と述べた。ヘデー号が数日以内に下田航行に出る計画を伝えると、そのことをもっと早めに知らされていたならば、彼〔閑叟〕は江戸にその航海に同乗する許可を願い出ていたであろうと言い、残念がった。

このとき閑叟は、いろいろと大工場に必要な設備機械や軍艦などを金貨などで購入したいと希望したという。

西欧外交官が見た閑叟

明治初年の鍋島閑叟に対する諸外国の外交官たちの評価をみてみると、一例として、駐日イギリス公使アーネスト・サトウの『一外交官の見た明治維新』によると、

アーネスト・サトウ
港区立港郷土資料館蔵

私たちは、かなり遠慮なしに各方面の指導的人物の品定めをやった。——私は、東久世〔通禧〕は身分はよいが、ヨーロッパに使節として派遣さるべき最上の代表的人物ではないことをほのめかした。伊達〔宗城〕か、岩倉〔具視〕か、それとも肥前の閑叟《カンソー》（訳注　議定鍋島直正）あたりが、もっと適任だと、私は考えていた。井上〔長秋〕は、岩倉はとても手が離せまいと言った。

と、サトウは条約改正のための派遣使節の人事を予測していた。また前出のグリフィスも、『日本のフルベッキ』によれば、

この頃〔一八七〇年〕、閣議の最高官庁には京都の公家である三条（実美）、岩倉（具視）、徳大寺（実則）がいて、この三人が首位を占めていた。その下には、フルベッキ氏とは個人的に親しい肥前の元藩主（鍋島直正）、肥前の大隈（重信）と副島（種臣）がおり、また、薩摩の大久保（利通）、長州の広沢（真臣）、木戸（孝允）、土佐の佐々木（高行）がいた。

と述べ、使節団派遣についても、

一八七一年に起きた最も注目すべき出来事は、おそらく使節がキリスト教国、

即ちアメリカとヨーロッパに派遣されたことであろう。この使節団に関してはこれから述べるように、誇張なしにギドー・F・フルベッキが起草者で組織者であった。

と断言している。フルベッキも、グリフィス宛の一八七一年十一月二十一日付書翰では、

政府は欧米に特命の使節団を派遣します。（中略）使節団を率いるのは龍〔具経〕と旭〔具定〕（ニューブランズウィックにいる）の父親〔岩倉具視〕で、彼は日本の総理大臣〔右大臣〕であり、帝国では大変影響力のある人です。この使節の派遣で、長い間待ちこがれたキリスト教信仰の自由をもたらすか、あるいは少なくともそれに近づくのに大いに効果があるように願い、祈っています。

とあり、一八七二年八月六日付書翰では、

一八六九年六月一一日か、あるいはその前後に、当時も今も国の指導者の一人である、私の友人大隈にその文書を個人的に送りました。大隈にわたしたことで安心してそのままにしておき、それに関してしゃべったり、問い合

ヘデー号上の鍋島直正（斉正公蘭船ヘデー号訪問図）／公益財団法人鍋島報效会蔵

わせしたことはありませんでした。前述しました使節団派遣を言っていた人たちからも、そのことについて何も尋ねられませんでした。私は無駄であったのだとあきらめていました。その間に時が過ぎ、外国との条約改正期日である一八七二年七月五日が近づいて来ると、政府は途方に暮れました。一八七一年一〇月二六日、岩倉は私に彼を訪ねるように言いました。いつもの儀礼的な挨拶がすむと、「文書を書いて、知り合いの高官に手渡したことはないか」というのが、岩倉の最初の質問でした。「思い出せません。もっとわかりやすく言ってください」「何か、随分前に、大隈に送ったそうだね」私はしばらく考えて思い出しました。「ああ、二年かそれ以上前のことですか。欧米へ派遣する使節についてですか」閣下は意味ありげにうなずきました。「当時は使節派遣が言われていました。今、詳細を思い出せません。時代が変わって、現在では得策ではないかもしれません」「今こそ、それが必要なのだ。私は三日前にその文書について聞いたばかりで、まだ見ていない。その翻訳を明日手に入れるのだが、今覚えていることをすべて話してほしい」それで、私たちはそのことを話し合い、三日後の一〇月二九日に面会の約束をして、そのときに文書を手にして、再びすべての問題を検討しようということになりました。（中略）使節団は私の文書（二年以上前に、信仰の種をまこうと書いたもの）に従って組織されました。岩倉と天皇に私の文書が知られてから二カ月で使節団は出航しました。使節団はどのように間近にせまる条約改正の難事を処理できたのでしょうか。（中略）私は使節団の二人の随行員を選びました。

さらにまた大隈がすぐ実行しなかった理由については、

大隈（私の以前の生徒です）によると、私が文書をわたした当時は攘夷思想たけなわで（一八六九年）、大隈はすでに保守主義者の多くから改宗者であるとの疑惑を持たれていて、自分の高い地位を脅かされるかもしれないので、文書を誰に見せるのも恐れたのだということです。しかし、しばらくして大隈は友人と同僚に文書を見せ、それは水面下で静かに効力を持ち、ちょうど最も時宜を得たときに、ついに政府要人の手にわたったのです。

と説明している。グリフィスはメモに関して、「一八六九年六月一一日、大隈に送る。一八七一年一〇月二六、二九日、審議する」としている。

国際外交と閑叟の動き

さきに、鍋島閑叟が嗣子直大の外遊についてオランダ海軍ヘデー号艦長のファビウスとかわした応酬について述べたが、閑叟が国際外交の場に直接関わった最初は、弘化元年（一八四四）のことであった。同年九月十九日、閑叟は三十一名の家臣を従えて、オランダ国王ウィルレム二世の親書をたずさえ長崎に入港したパレンバン号に乗り込み、五時間にわたって軍事訓練を見学し、接待を受けた。このときもたらされたオランダ国王の親書は、徳川幕府に対して開国を勧告するものであった。

この勧告に至るまでには、諸外国との接触をめぐって、いくつかの出来事が起きていた。明和八年（一七七一）、ロシアのベニョフスキーがカムチャッカからの大脱走の途中に土佐に立ち寄り、ロシアの南下政策を誇大にオランダ商館長フエイトに報告したのをはじめ、安永七年（一七七八）にはロシア人のエ

鍋島直正／佐賀城本丸歴史館蔵

トロフ島上陸。寛政四年（一七九二）にラクスマンが根室に来航したころにかけて、工藤平助、林子平《はやししへい》、前野良沢、桂川甫周らのロシア関係の書物が出版され、ロシアに対する関心が高まっていった。文化元年（一八〇四）のロシア使節レザノフの長崎来航などにつづいて、文化三年のフボストフ事件、また翌文化四年のロシア人による利尻島侵入事件などもあった。

これに対し幕府は、大学頭林述斎《はやしじゅっさい》の建言もあって、文化三年（一八〇六）六月、長崎を中心に、外国船に接する場合には、相手が不法をはたらくものでなければ友好的に対処し、薪水なども給与せよという「撫恤令《ぶじゅつれい》」を発令した。しかし後の文化五年八月、イギリス艦が長崎港に不法に侵入するというフェートン号事件が起きてしまった。この年、長崎港の警備は佐賀藩の担当であったため、事件の責任をめぐっては佐賀藩にも追及が及び、幕府によって藩主鍋島斉《なべしまなり》直《なお》は謹慎処分を下されている。以後も、文化十年（一八一三）から文政八年（一八二五）にかけてイギリス船の来航が続いたため、幕府は文政八年に「無《む》二念打払令《にねんうちはらいれい》」を出し、異国船に対し厳格に対処することになった。

ついで、一八四〇〜四二年に清国でアヘン戦争が起きると、幕府は天保十三年（一八四二）にふたたび「薪水給与令《しんすいきゅうよれい》」を発令するにいたり、その各国への取りつぎをオランダ国王に依頼した。これに対しオランダ国王は、そうした緩和政策は紛争などを招くことにもなり、かえって日本を不利な立場に追いこむことになると配慮して、天保十四年に親書を送り、幕府に対して「開国」を決断するよう勧告してきたのである。幕府はこれを拒否したが、オランダとのみ国交を続けることを約した。

久米邦武『久米博士九十年回顧録』によれば、パレンバン号を訪れた閑叟は、見学後、「艦長室に少憩され、使節提督は公〔閑叟〕の来艦の光栄を感謝し、公も亦《また》謝辞を述べて帰還され、将官以下黒奴に至るまで、陶器・銘酒・鍔等を賜わって謝意を表せられた」という。さらに、「今回荷蘭〔オランダ〕使節艦の渡来に就いて、我が公は五度長崎に出張し、警備に莫大の費用を払わされ、幕府より拝借金の返納を猶予し、大坂其の他の借金を示談し、諸家へ嫁せられた姫君達の装資金を姑《しばら》く謝絶し、家中には献米〔石高の三七％〕を増課し」、節約に努力したところ、幕府は閑叟に次の年の参府（参勤交代）を免除したと記している。

パレンバン号出航後、長崎港の警備をになう佐賀藩と福岡藩に対して、老中阿部正弘《あべまさひろ》から長崎奉行を通じて、長崎港の台場改築について諮問があった。消極的な福岡藩にくらべて佐賀藩は、フェートン号事件以来の持論である、反射炉による大砲鋳造、長崎港外の伊王島《いおうじま》と神ノ島《かみのしま》の台場構築、大艦製造による海軍の創設、天草島の軍港化などの諸政策を、単独で強行する方針をうちだし、嘉永元年（一八四八）に老中に提言したが、認められなかった。しかし佐賀藩は独力で、大砲と台場を嘉永五年に完成させている。

鍋島閑叟は、嘉永六年（一八五三）六月のペリー来航直後の七月十八日、長崎に来航したロシア艦隊四隻のうちのパルラダ号に藩士を派遣して見学させ、研究の機会を与えた。また翌安政元年（一八五四）七月二十九日、やはり長崎に来航したオランダ船スンビン号にも藩士を派遣したが、八月二十六日には閑叟みずから訪問し、備砲や蒸気機関を見学し、海軍の訓練や軍事戦略の説明をうけたのち、当のスンビン号の購入を申し出てオランダ側を慌てさせている。このとき閑叟は、長崎警備に必要な軍事力について質問したところ、内港に六〇ポンド砲六十四門、外港に六〇ポンド砲六十門、さらに軍艦十二隻が必要であろうという回答を得ているが、その規模の大きさに緊張したことであろう。前出、ファビウスの『日本駐留日記』の安政元年八月二十六日（一八五四年十月十七日）の条をみると、

九時に肥前侯殿下の訪問を受けた。彼は艦内［スンビン号］をくまなく視察した。一番マストのオランダ国旗の横に日本国旗を掲げ、王族送迎儀典に従って、敬意を表した。挨拶を交わした後、殿下は艦内の珍しい箇所を細かく視察した。（中略）彼はしばしば格別な興味を示した。特に非常呼集には驚嘆した。演習の後で、私は殿下と随員の大半を西洋菓子、砂糖漬け果物、水に浮かした果物、リキュール酒、シャンペン酒、さまざまなワイン、紅茶、コーヒーでもてなした。殿下は船室で四時間にわたって私と学問や各専門分野について、特に蒸気機関術、海軍、砲術、造船術について話し合った。殿

下は五時にスンビン号を下艦した。彼は愉快な時を過ごし、数多くのものを見学できたと述べて、感謝した。だが、スンビン号の出発が迫っているのは残念だ、これは日本にとって災厄といえると言った。

と記されている。また安政二年七月二十五日（一八五五年九月六日）の条では、

将軍の義兄〔黒田長溥と誤解〕にあたる肥前侯殿下が多数の随員を従えて艦上を訪れた。（中略）藩主は茶菓を味わった後、戦闘準備体制を整えた蒸気艦〔ヘデー号〕を隅々まで視察した。彼は砲撃、小銃射撃の訓練と演習に多大の興味を示した。私は同時に国王陛下蒸気艦スンビン号の帆走操舵を命じた。演習終了後、肥前侯は非常に愉快だったと述べ、ヘデー号を購入したいと言った。（中略）殿下が船室にいた三時間、政治、教育、通商などの重要問題について会談した。彼は日本のほかにも閉鎖国が存在するかなどと質問した。私がそれを否定すると、彼は意味ありげに笑った。

と記すが、このとき閑叟はヘデー号の購入について、ヘデー号の乗組員は別の商船で送りとどけ、要求される金額は前払いとすると申し出ている。さらに閑叟は、幕府が発注している二隻の外輪船と同型の船も注文したいと考え、有能な航海術教官を招くことも期待していた。同年九月十八日条では、

今晩、伝習教場の出口で、ここ二か月間私の講義に出席してきた肥前藩士が、藩主の名代で、次の事項を懇請した。肥前に新設される大工場に必要な器具の全目録を書き付けてほしい。それに炭鉱と銅山の洋式開発に必要な用具名すべてを書き足してほしい。藩主はオランダの要望に沿い、全額を金、または銅で支払う意向なので、それらの価格には触れない。返事を至急受け取りたい。それによって、今年度の注文表にそれらが追加されることを願っている。私〔ファビウス〕のオランダ帰国後、全物の至急入手を願っている藩主の懇望がかなえられるように、注文を支持し、交渉してほしい……。

とあり、さらに同月十九日条には、

蒸気機関工場の設置を望む肥前侯のために覚書をしたためた。通詞から聞いたところによると、肥前侯は数人の役人をオランダに派遣する許可を江戸に申請したそうだ。

とあり、ついで十月二十八日条でファビウスは、

肥前侯は日本開化の先駆者である。開国のために最大の努力を惜しまず、わ

れわれと提携してきた人物である。彼の渇望を鼓舞することは、彼との友好関係を保持するための強力な手段とみなす。私は賢明で、慎重な方策をもってすれば、多数のオランダ船がそろって長崎錨地に停泊する日が訪れるのもそれほど遠いことではないと考えている。

と、閑叟に期待するところをのべている。安政三年二月十二日条になると、ファビウスは、海軍伝習の仕事のかたわら「肥前侯のために蒸気機関工場の設計図と説明書を作成しなければならなかったので、私は繁忙をきわめた」と語っている。

安政二年の暮ごろの鍋島閑叟については、オランダの植民史家シャイスは、

この藩主は、〔オランダの海軍伝習所（長崎）の〕派遣隊の隊長に対して、造船所にとって必要な条件について説明を求め、またすでにこの時には、その領国の内に造船所に適した場所〔三重津の海軍所のことか〕を探していたくらいである。

と書き残している（「日本開国のためのオランダの努力」）。

以下、先見性に富んだ鍋島直正の生涯を概観してみよう。

第一章　算盤大名

第十代藩主直正の登場

佐賀藩第九代藩主・鍋島斉直《なべしまなりなお》の時代である文化・文政年間は、全国的に諸藩の財政は膨張し苦しくなる一方で、佐賀藩でも、文化四年（一八〇七）の大坂における負債額は銀千貫と米筈《こめはず》（一種の藩札）八千石であったのが、文化十一年には銀三万一千貫、米筈三十万石と急激に三十倍以上に増加し、その上、文政十一年（一八二八）には台風による大被害により、どうにもならないいきづまりをみせていた。

文化十一年（一八一四）十二月七日、斉直の子・閑叟は、江戸の桜田屋敷で生まれた。幼名は貞丸《さだまる》、文政二年に直謀《なおかず》、文政五年に直正《なおまさ》、文政十年には偏諱《へんき》によって第十一代将軍・徳川家斉《とくがわいえなり》の「斉」を拝領して斉正《なりまさ》と称し、江戸城内では松平姓となる。文久元年（一八六一）に隠居して閑叟と号したが、以後、外部からは外国人にまで「カンソー」と呼んで親しまれたので、本書でも冒頭か

鍋島直正／公益財団法人鍋島報效会蔵

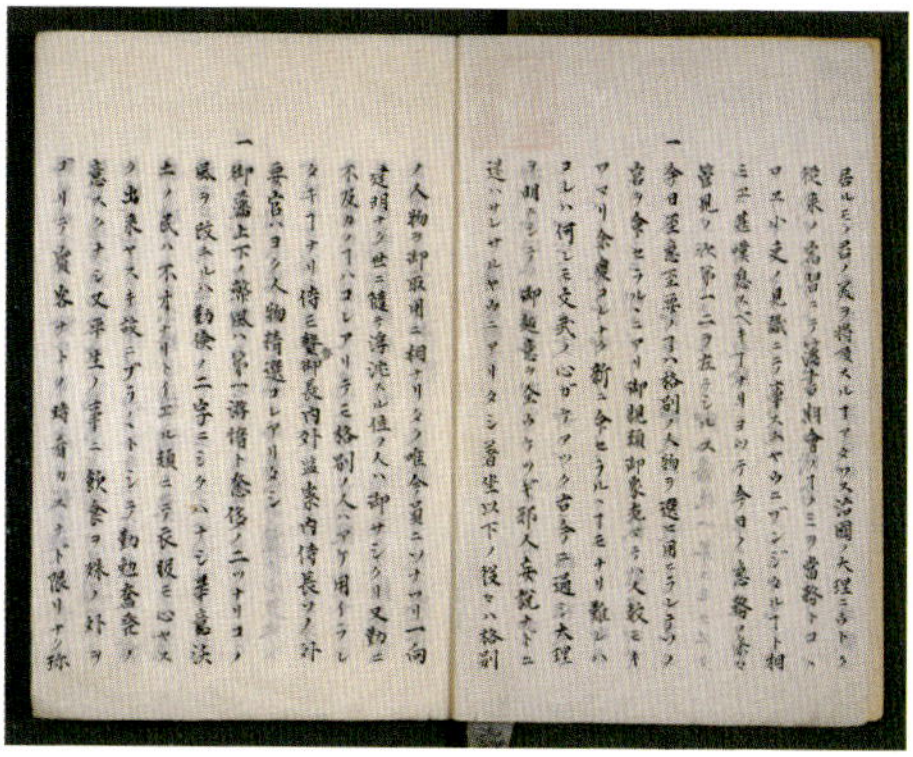

済急封事／公益財団法人鍋島報效会蔵

ら閑叟と記名した。のち、明治元年三月十四日には、直正にもどっている。
閑叟が生まれた一八一四年当時は、ヨーロッパではナポレオンが失脚し、ウィーン会議が開かれて王政復古による新体制が生まれ、オランダもフランスの統制をのがれ新興国家となったが、日本の王政復古はほぼ六十年後のことになる。イギリスではスチブンソンが蒸気機関車を走らせ、ベートーヴェンは第八シンフォニーを完成発表している。清国ではアヘン禁輸を始めていたが、この二十六年後にはアヘン戦争が起きている。

閑叟の藩政を補佐したのは、佐賀出身の幕府儒官で、のちに昌平坂学問所教授となる古賀精里《こがせいり》（寛政の三博士の一）の長男で、藩校・弘道館教授の古賀穀《こがこく》堂《どう》であった。文化三年十一月一日、穀堂は『学政管見《がくせいかんけん》』を著して学問を奨励し、蛮学（蘭学・洋学）は世間では物好きが学ぶものとされているが、そうではなく、蘭学はオランダについて学ぶだけではなく、西洋諸国について学ぶことであり、自然科学においても中国のそれよりも精緻で、政治・経済の学として西洋を知るために研究すべきであると主張した。実学、医学、歴史学など諸分野から学問の本質にいたるまで言及する、古今に通じた体系的な一大論文であった。

さらに穀堂は、閑叟が家督を相続した天保元年（一八三〇）の翌年六月十四日、意見書として『済急封事《さいきゅうふうじ》』を提出した。これは政治学原論であり、人材登用、勤倹奨励、産業奨励など、藩政に関する具体的な政策論でもあった。その主眼は財政政策にあるが、佐賀藩に蔓延する根本的な風紀を批判し、妬忌《ときねたみけぎらいする》（ねたみけぎらいする）、優柔不断、負け惜しみ、僻見・偏見などを改めるべきことを指摘し、「葉隠一巻ニテ今日ノコトハ随分事《こと》タルヨウニゾンジ」という葉隠一辺倒の修正を提言したりしている。

閑叟が江戸から国元へ赴こうとしたとき、借金の取り立てに押しかけた商人たちのために藩邸を出発することができず、一日延ばさなくてはならなかったと伝えられるが、それは若き青年藩主としての閑叟の心に、一生忘れることのできない苦い思い出となったにちがいない。

入部した閑叟は、天保元年から天保七年までは、質素倹約という消極的な財政再建策をとることしかできなかったのであるが、天保元年五月、「粗衣粗食令」を出し、みずからすすんで倹約生活を守り、各役所の経費もきりつめていった。翌二年七月には江戸への参勤交代の経費を減らし、江戸藩邸の費用も縮小し、どちらも藩主の手元の財源から出すことにして直接的に質素倹約を徹底しようとした。さらに天保三年六月には、藩主の御側役人の費用を節約し、木綿の着用や食事の簡素化などを実行した。天保四年にかけて、参勤交代の御供の人数のうち家老・侍以下の九十一名を減らし、約千二百両の節約をしている。藩政全体についても費用の削減を決定し、次第に財政節約を強化していった。

佐賀の本藩と各領の財政は、本途物成《ほんとものなり》（年貢米）を中心として成り立ってお

古賀穀堂像／佐賀県立博物館蔵

り（本藩では家臣からの献米が加わる）、小物成《こものなり》（年貢米以外の雑税）は、本藩藩主の手元の懸硯方《かけすずりかた》に軍事用および非常用として蓄えられる特別会計とされ、藩財政が苦しいときに懸硯方から援助する仕組であった。

天保六年五月十日、佐賀城の二の丸が焼失した。これを契機に、前藩主・斉直の実権が新藩主・閑叟に移ることになる。閑叟の側近者として、井内伝右衛門、古賀穀堂、牟田口藤右衛門、永山十兵衛らが、従来の門閥層にかわって藩政に加わり、最高責任者の請役《うけやく》には人望厚い須古《すこ》邑主の鍋島《なべしま》安房《あわ》（閑叟の異母兄・茂真《しげざね》）が任じられ、さらに池田半九郎、田中善右衛門、中村彦《なかむらひこ》之允《のじょう》らの中堅層家臣が藩政の中心となっていった。こうして天保八年から、閑叟による佐賀藩の藩政改革は本格的に展開されていった。

まず閑叟は、藩の役人の三分の一にあたる約四百二十人を整理し、家老以下すべての家臣に対して知行地・切米《きりまい》（俸禄米）の支給をやめ、実際に藩政を担当している「勤役《つとめやく》」の場合、千石以上の者には知行（切米）の二〇％を支給し、役職をもたない「休息《きゅうそく》」の者には一五％の相続米（生活費としての実費）を渡すことにした。そして千石以下の者には、それぞれ石高に応じて割合がきめられた。もっとも、この「相続米渡《そうぞくまいわたし》」は、斉直時代の文政六年（一八二三）から二年間にわたって実施されたことがあった。

閑叟は、人事を刷新するとともに行政機構も改めていった。政務の中心をになう部署を請役所《うけやくしょ》とし、藩財政をあつかう蔵方《くらかた》には農村支配を行なう郡方《こおりかた》を兼務させ、蔵方頭人《くらかたとうにん》も請役所の請役相談役のうちの二名に兼務させることにより、行財政の流れを請役のもとに集約・統一するようにした。また、藩財政の支出面を担当する目安方も請役所の管轄のもとにおき、藩政の重要な議事も数名の重職たちで構成する仕組所《しくみどころ》で審議決定することにした。

　このように、閑叟と藩政改革派の上層家臣たちは、改革を強力に推進できる体制を整えていった。もっとも、農村支配における教化禁令を徹底させ人別改めの実務をとる郡方は各郡ごとにおかれていたが、これをすべて廃止して改めて請役相談役兼蔵方頭人が郡方をも兼ねるようにするという決定は中止され、神埼《かんざき》・三根《みね》・養父《やぶ》の三郡を一つにまとめた以外は、各郡には従来どおり知行地を多く持つ領主（大配分）が郡方として任命され、小城《おぎ》郡は小城鍋島家（小城支藩）、藤津《ふじつ》郡は鹿島鍋島家（鹿島支藩）、高来《たかく》郡は諫早家（親類同格）などに委任した。郡方をすべて廃し、請役が一人で郡方頭人を兼ねるように支配強化されたのは、嘉永四年（一八五一）になってからのことである。郡方とならんで年貢の収納にあたる代官には新たな人材を登用して強化し、代官所も五ヶ所から八ヶ所に増やし、請役所に直結させた。閑叟の農政改革は、このような有能な代官たちによって実行されていった。

　天保年間における財政再建は、また借銀（借金）の原因ともなったため、江戸、大坂、藩地における出費を節約する一方で、この借銀の整理を行なう必要が生じた。借銀の相手は、ほとんどは江戸と大坂の金融業者であった。その詳しい方法を史料的に跡づけることはできないのだが、おおよそ「利留永年賦《りどめえいねんぷ》」「打切《うちきり》」とよばれた手段がとられており、利子を払わず何十年もの年賦返済としたり、一部を返済して残りは踏み倒したりしたものと考えられる。その徹底したやり方を示す一例として、長崎商人たちへの返済などは、ほんの一部を支払うだけで、あとは七十箇年賦だとか百箇年賦で返済するという、気の遠くなるような話であった。大坂の豪商三井なども、借銀の四分の三を献金させられている。

こうした返済にあてる財源は、大部分は経費節約により手当てし、また諫早、武雄、多久、深堀、石橋などの上級家臣たちへの貸付金（元銀・元本）およびその利銀（利子）などから生みだしていた。大坂へ米を運んで売却した売上金（廻米代銀）による返済が、借銀返済の半分を占めていたという。

このような財政再建策は、天保十二年以降になって、ある程度成果が見られるようになっていった。借銀整理にあたった中心人物は請役の鍋島安房であったが、成松万兵衛、井内伝右衛門、深江八左衛門、中村彦之允たちも活躍した。こうした策略をめぐらしたところから、閑叟は「算盤大名鍋島」と風評されたのである。

抜本的な産業政策

当時の有田の経済学者・正司考祺《しょうじのりよし》が著した『倹法富強録《けんぽうふきょうろく》』によると、農民も商人たちを見習って日傭稼《ひやといかせぎ》に出たり、わずかばかりの商品作物を取り扱って貨幣を手に入れようとして農業（水田耕作）を怠るため、田畠が年々荒れていったようすをのべている。このような農村の支配を強化するためにも代官制が強められたのである。正司の意見としては、商人は市中に住み、農民は農村に生活をし、商人が一人でも農村に住むことは堅く禁じたがよい。最近は商人が多く農村に出入りしているが、農村では棉打《わたうち》、大工、鍛冶、家葺《いえふき》の四つの職人以外の出入りを禁止し、特に酒屋は農村から遠ざけるにこしたことはない、というのであった。

こうして天保七年から農商分離を厳重に実施することになった。藩内すべてに人別帳（農民中心の戸籍）の作成を命じ、工・農・商の身分制を厳密にして統制を強めた。

佐賀藩の天保改革で見落としてならないのは「加地子猶予《かじしゆうよ》」であろう。これは、藩に納めるべき年貢（地子）のほかに小作人が地主に納める「加地子米」を猶予するという制度で、あくまでも年貢を完納させることによって藩財政の基礎を確保するためのもので、地主の立場を否定するものであった。したがって明治になって、これを一種の社会主義政策と誤解して、閑叟を尊崇するものがあったという。加地子猶予は、天保十二年八月、有田・伊万里地方の皿山代官所管内で始められた。はじめは生活の苦しい農民の保護を目的とし、地主に対する小作料である加地子米と部米《ぶまい》（利子として貸主へ納める利足米）を三分の一軽減するというものであった。もっともこれは、藩からの農村救済費を出さずにすますという財政的理由もあった。

天保十三年十二月から、「相対借銀《あいたいしゃくぎん》ならびに加地子猶予」が十ヶ年間にわたって蔵入地《くらいりち》（佐賀本藩直轄地）に実施された。相対借銀の猶予とは、武士、百姓、町人などが金貸しから借銀したものを片付けるためであったが、実際には無利子で十五箇年賦で返済するようになっていた。農民の場合は、その上に加地子猶予の利点が与えられていたわけである。農商分離、人別帳作成などとともに、本百姓を中心とする封建制下の農村を維持するための政策であった。

天保の改革は、このように質素倹約、借銀整理などで財政再建を行ない、農村の再編成を行なって年貢徴収を確実なものにすることが狙いであった。

陶器商人をはじめ商工業者たちからの営業税、雑徴税には、運上銀、冥加銀、俵銭などがあったが、これらはすでに負担が相当重く、増徴は難しかったと考えられる。そこで天保十年ごろから、殖産興業がすすめられた。防風林となり木材・薪となる榛樹《しんじゅ》の移植、棉花の栽培、甘庶《かんしょ》の栽培による砂糖製造、平戸からの鯨の締買《しめがい》（占買）、また本格化するのは安政年間になってからであるがアヘン戦争を契機として西松浦郡山代郷で石炭採掘などが行なわれている。しかしいずれも、水田（稲田）主義ともいうべき幕藩体制のもとにあって、こうした各種の商品生産は、つぎつぎに廃止されてしまった。

厳格な弘道館の教育

幕末佐賀藩の藩政改革は、大別して、一・財政改革、二・教育改革、三・軍事改革の三点であった。なかでも最も注目すべきは、財政改革と平行して進められた教育改革、すなわち弘道館の拡充であった。

閑叟は襲封した翌年の天保二年（一八三一）二月十二日、弘道館頭人・家老の多久美作《たくみまさか》（茂族《しげつぐ》）らを通じて、藩内に次のように達している。天明元年（一七八一）に祖父である第八代藩主・治茂が開設した弘道館が必ずしも成果を挙げていないので、文武の修業を専一にして怠りなく精進し、とくに藩政に関わるような者は古今にわたる大理を明らかにするよう真実心掛けるようにし、弘道館開設当初の理想を今こそ実現しようとして、あくまで藩の御用に役立つ人材の養成を国政の基本と定め、学問の普遍的な真理を探求するようにと呼びかけたのである。

閑叟はさらに同年九月十八日、役人の登用について「諸役人選挙（推薦）」が最も肝要な事柄であるとして、どんなに生まれつき利口な者でも文武練磨を心がけた人物でなくてはならず、邪欲偏見に流れず、治国安民を考えるべきだが、年少の者は、「官途奔競」、出世主義の風に染まらぬようにとして、あくまでも実力主義を強調した。

天保十一年（一八四〇）六月二十三日、閑叟は新装なった弘道館に臨み、ふ

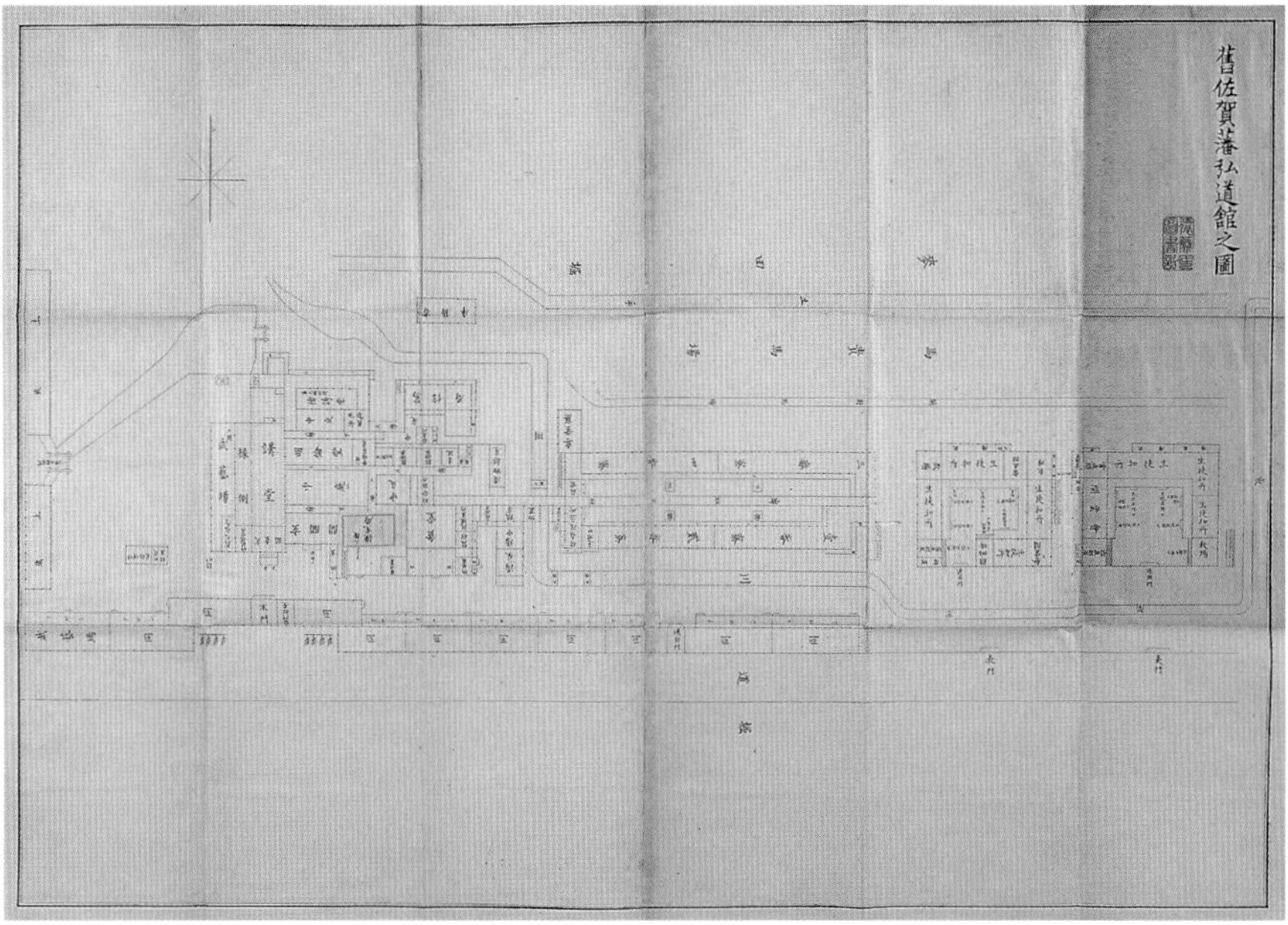

旧佐賀藩弘道館之図／佐賀城本丸歴史館蔵

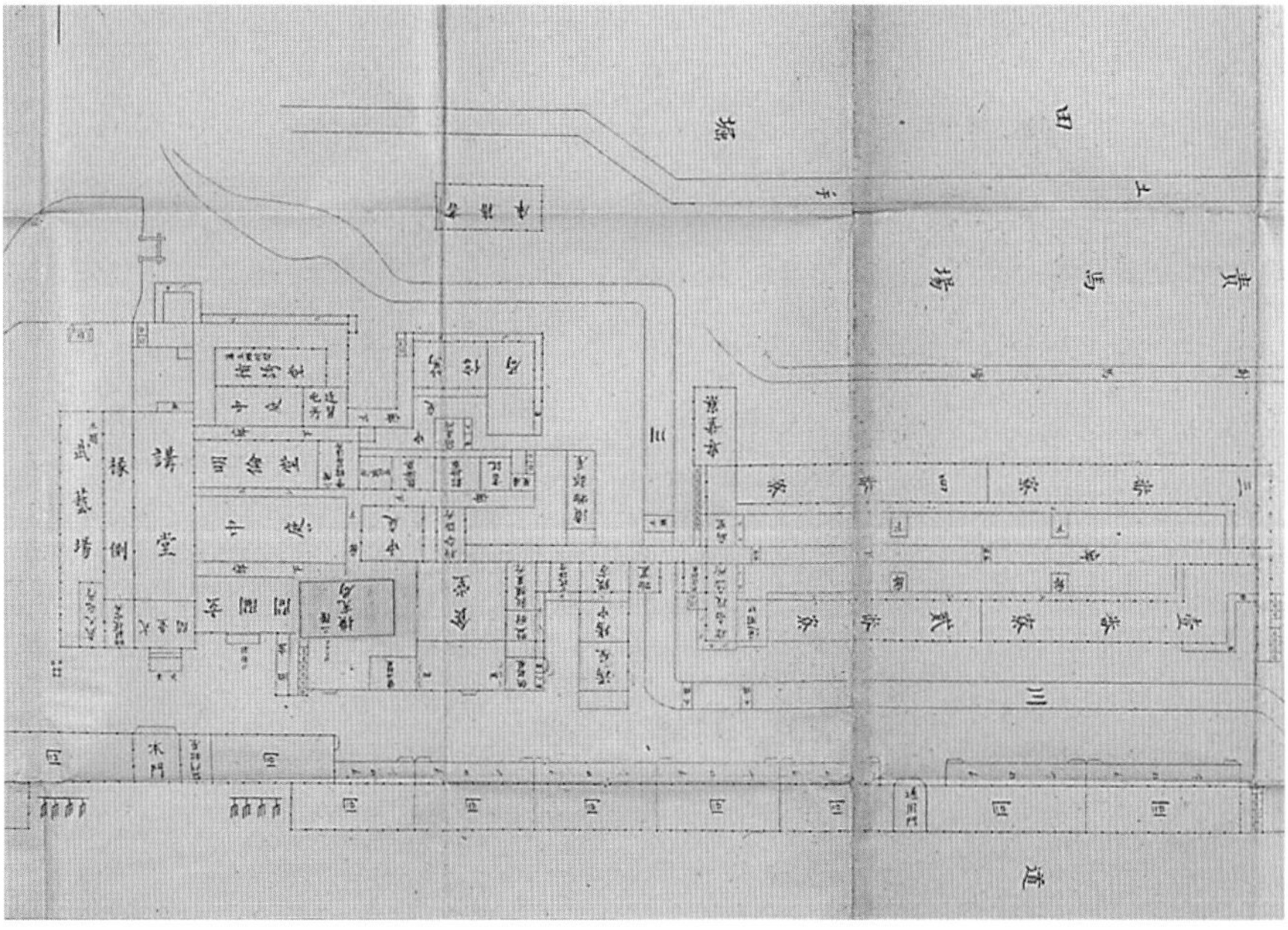

同上（部分）

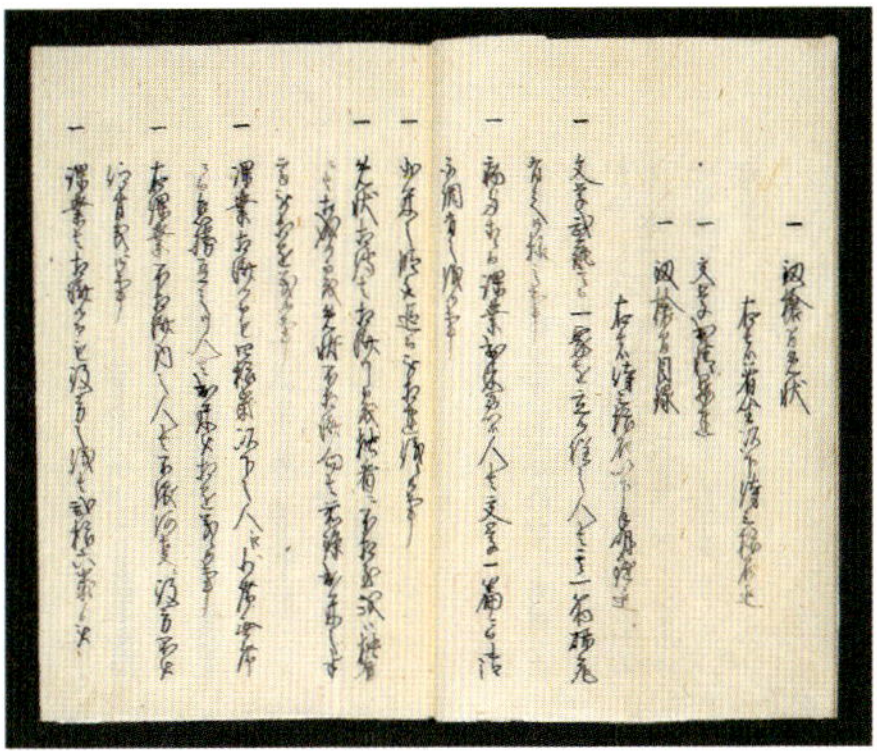

文武課業録／公益財団法人鍋島報效会蔵

たたび、代々の理想を継承していくにあたって、指導的立場にある者は先人の徳をおろそかにしていないかと反省し、壮年（わかもの）は館内でしっかり文武稽古にはげむよう命じた。

嘉永三年（一八五〇）八月には、弘道館の課業の定則（カリキュラム）を示し、二十五歳までに一定の課業を卒業するように定め、卒業できない者は出《で》米《まい》（家禄の一部削減）の罰を加え藩の役職には任用しないとして、学業を督励した。このような督業の先例は、文化四年（一八〇七）十一月、古賀穀堂の建白によって、御叱り、逼塞謹慎、又隠居（罰として隠居させる）などの処分を行なったこともあり、文政十年（一八二七）にも、身分や給禄に応じて馳走米（罰として家禄を差し引く）の増徴を行なったことがあった。亀岡、会津、福山、館林などの他藩にも似たような督励法があったが、佐賀藩の場合がもっとも厳しかった。

このように罰則まで設けたのは、藩の役職が世襲制であることによって生じる怠慢を取り締まるのが主目的であったと考えられ、古賀穀堂も「貴き一人善ければ賤しき者百人千人よりも其功大なり」とし、「国政に預《あずか》る重き家柄」である支配層の勉励の必要を建白している。その上で、上達・上進した者には知行の加増や加米・銀米（扶持米などの特別臨時手当）などを与えて賞したという。しかし、こうした督励法も、安政六年（一八五九）五月二十七日には、内容の充実しない課程修了のみを目標とする態度を改めさせるため、課業の定め

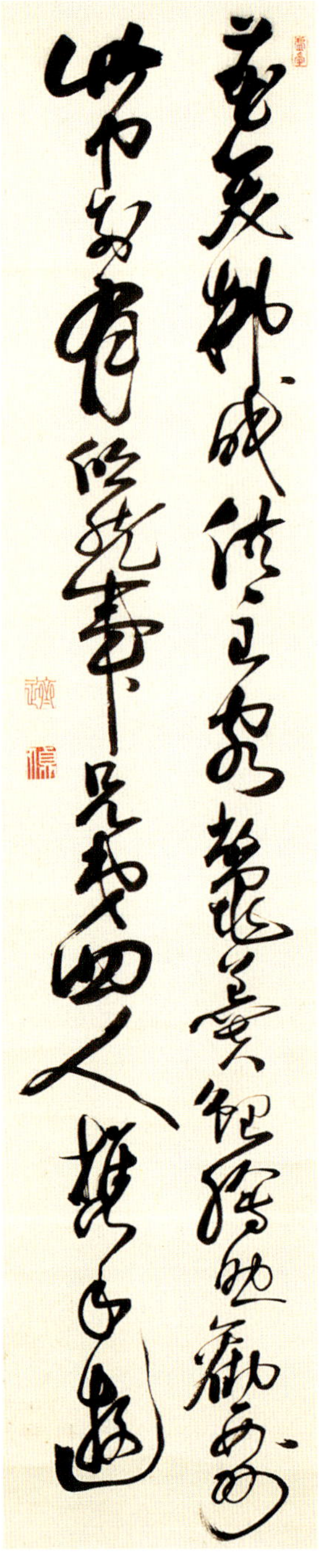

鍋島直正書「静春堂賞花」　花笑柳眠供主客。鼇羹鯉膾助勧酬。此中別有欣然事。兄弟四人携手遊。／佐賀城本丸歴史館蔵

を廃止した。

弘道館の教師は全国的にみても超一流の学者たちであった。古賀精里・古賀穀堂父子、枝吉南濠《えだよしなんごう》・枝吉神陽《えだよししんよう》父子、小柳宝里《こやなぎほうり》、小代布水《しょうだいふすい》、武富圯南《たけどみいなん》、永山二水《ながやまにすい》、福島金岡《ふくしまかなおか》、大園梅屋《おおぞのばいおく》、三好十州《みよしじっしゅう》、関迂翁《せきうおう》、佐々木确陽《ささきかくよう》、原田葭涯《はらだかがい》、原田紫陽《はらだしよう》、木原隆忠《きはらこうちゅう》といった顔ぶれであった。

天保十一年の新学館開講にあたって出された「学規」の第三項では、朋友の切磋琢磨を主眼とし、学問の大益（成果）は独善的にならず、他人の異見に耳をかたむけ自らを反省し、年長者は学生を善導するが、これに対して怒りや怨みをもってはならないとし、第四項では、生活が学生の分際を越えて贅沢にな

伊東玄朴像（伊東栄『伊東玄朴伝』玄文社）

らないようにと警告している。反面、学館の経費は天明元年の創建当時の現米百五十石から漸次増加し、天保十一年からは現米千石となり開設時の六倍以上に増加され、拡充の実績が向上した。

江戸藩邸の明善堂《めいぜんどう》については、すでに弘道館内には藩主臨校の間として明倫堂《めいりんどう》、循誘堂《じゅんゆうどう》という講義堂があったが、文政年間には江戸藩邸にも明善堂が設置され、藩邸の役人たちの学習の場とされた。古賀穀堂の「明善堂記」によると、「人心を堅定し都風に染ましめざる道」として、「務めて実学を講じ、其《その》心志を堅定し」、「君のため、民のため、身を致す」ようにと願い、「当今の世、有用の学を講ずる者、佐賀藩より始まる」と誇り、弘道館に次ぐのが明善堂であるとし、あくまでも有用な実学を奨励したのである。

洋学への貪欲な取り組み

佐賀藩の蘭学は、天保十四年（一八四三）十二月ごろから、伊東玄朴《いとうげんぼく》や大石良英《おおいしりょうえい》などを用いて蘭方医学とともに振興したのであったが、嘉永四年（一八五一）ごろから、蘭学研修は火術（軍事学）研究へと移りはじめた。さらに安政年間になると海軍伝習が主流になってくる。のちに東京大学の医学部を創設した相良知安《さがらちあん》などは、こうした変化に対して、嘉永末から安政のはじめにかけて一時的にスランプに陥ったが、文久元年（一八六一）からは佐倉の順天堂で学び秀才ぶりを発揮した。

閑叟は嘉永四年から、医師免許法などを統一し、医師の資格・給与などを制度化する、全国的にも画期的な改革を行なった。また伊東玄朴はシーボルトに学び、幕府奥医師となって将軍家定の治療にあたる一方、象先堂《しょうせんどう》を開いて、佐賀出身の大石良英、上村春庵《うえむらしゅんあん》をはじめ、全国的に非常に多くの蘭方医を育成した。

大石良英とともにすぐれた医学者に大庭雪斎《おおばせっさい》がいた。大庭の著書『訳和蘭文語』（安政二～四年）によると、オランダ語を学ぶにあたり、

国家に忠義をつくそうと思う者は、シナ、オランダ、フランス、およびイギリスなどの外国語をえりごのみせず、天の理を講ずることが深いか浅いかを見極め、その技術の巧拙を察知し、努力して彼らの上に出るように勉強しなければならない。
西欧人が天理を論じたり、彼らの器械が巧妙であるのを見聞すると、その拠《よ》って来たる所以《ゆえん》を確かめようとせず、ただ奇怪としてそれらを退けた。これは日本人の知識が彼らに及ばないからではなくて、日本人が墨守してきた、これまでの学問の流れがそうさせたのである。〔筆者訳〕

と反省している。

日本の代表的な数学者・小倉金之助氏の高弟・武田楠雄氏は、その名著『維

万延元年四月五日、ワシントン海軍造船所における遣米使節一行
（『幕末明治文化変遷史』東洋文化協会）

新と科学』において、佐賀藩の学術研究について、

この藩は全国にさきがけて〔一八〕五〇年の一〇月洋式砲鋳工場を設立、反射炉の築造に着手した。もっともそのガイダンスは輸入された蘭書による自学自習であり、苦労も失敗も多かった。その蘭書も藩でオランダ発行の文献目録を調査して発注した、という筋合いのものではなく、万事出島のオランダ商館まかせであった。つまりはあてがいぶちの蘭書であった。それでもペリー来航〔一八五三年〕の前年末には一応鋳砲ができるまでには漕ぎつけ、精煉局が設けられ、佐野常民がその長となった。当時の雄藩はまた競って蘭学者や器械師を雇入れた。この藩では蘭学化学師中村奇輔、器械師田中久重・儀右衛門父子、蘭学者石黒寛次、技術師福谷啓吉らがそのおもなものであった。（中略）佐賀藩の蘭書だけを借り受けてはじめた薩摩の鋳砲も容易に成功のいとぐちがつかめなかった。斉彬はついに、西洋人も人なら佐賀人も人、また薩摩人も人である。とまで極言して督励した。

と語り、田中儀右衛門《たなかぎえもん》が維新後の「東芝」の創始者であったことに言及している。

嘉永元年（一八四八）、長崎奉行は漂着したアメリカ人マクドナルドを教師として、オランダ通詞十四名に英語研修を命じた。のちに洋学所、済美館《せいびかん》と名

ワシントンの大統領官舎に向かう遣米使節一行（1860 年 5 月 16 日）／日本カメラ博物館蔵

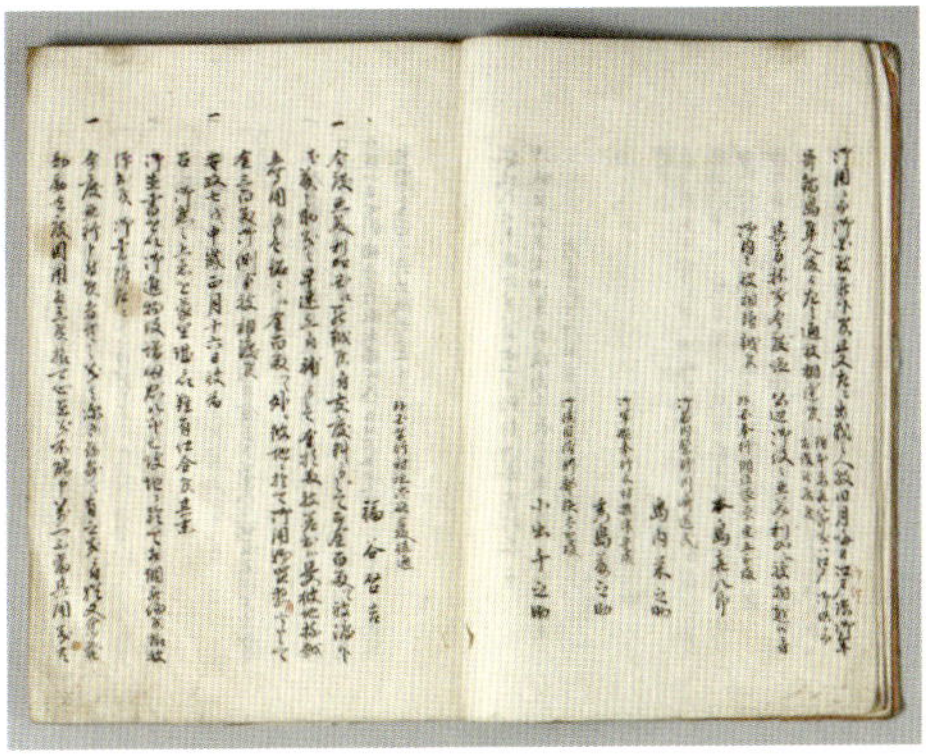

島内栄之助『米行日録』

称が変わり、慶応元年（一八六五）以後、済美館で学んだ諸藩士は三百名以上に及んだが、佐賀からは山口尚芳《やまぐちますか》、牟田豊《むたゆたか》、野田益晴らが学んでいる。

同じころ、佐賀藩独自の英語学校である致遠館《ちえんかん》が設けられ、済美館の教師でもあったアメリカ人宣教師フルベッキを教師に招き、大隈重信、副島種臣、秀《ひで》島藤之助《しまふじのすけ》、中牟田倉之助《なかむたくらのすけ》、本野周蔵《もとのしゅうぞう》、石丸虎五郎《いしまるとらごろう》ら、多くの藩士たちが学んだ。こうした英語研修の契機となったのは、万延元年（一八六〇）の幕府による「遣米使節団」の派遣であるが、このときポーハタン号に乗船した七十七名のうち佐賀からは本島喜八郎《もとじまきはちろう》、島内栄之助《しまうちえいのすけ》、小出千之助《こいでせんのすけ》、綾部新五郎《あやべしんごろう》、川崎道《かわさきどう》民《みん》の五名で、咸臨丸に乗船した百余名のうち佐賀からは秀島藤之助、福谷啓吉《ふくたにけいきち》の二名であった。閑叟から海軍・軍艦の調査研究の特命をうけて乗船した島内栄之助の日記『米行日録』（全四巻）によると、往路ではオランダ語での会話であったが、復路ではオランダなまりの英語を学び合ったと記録している。

文久元年（一八六一）の「遣欧使節団」の場合も、一行三十八名のうち、佐賀からは川崎道民、石黒寛次《いしぐろかんじ》、岡鹿之助《おかしかのすけ》の三名が参加している。すべて閑叟の配慮であった。

第二章　蘭癖大名

「鎖国」という言葉

わが国に「鎖国」という言葉が生まれたのは、享和元年（一八〇一）、長崎のオランダ通詞・志筑忠雄《しづきただお》が、ケンペルの『日本誌』の一部分を訳して「鎖国論」と名づけたことに始まる。長崎のオランダ商館に赴任したドイツ人医師エンゲルベルト・ケンペルは、十七世紀末（一六九〇〜一六九二）の日本を見聞して、日本こそ世界一の理想国であるとヨーロッパに伝えた。主食を自給でき、道具を作るだけの材料と技術をもち、他方では軍事力を否定しており（反幕抑止のためではあるが）、国民性は清潔好きで勤勉であるところの、まさしく平和国家である、というのである。この所論は今日の日本と比較して考えさせられるところも多いのであるが、もちろん志筑は十九世紀初頭おいて既に鎖国体制を維持することが困難な国際情勢にあることを認識していて、この抄本を出版したのである。寛政三年（一七九一）に林子平の『海国兵談』が発禁となり

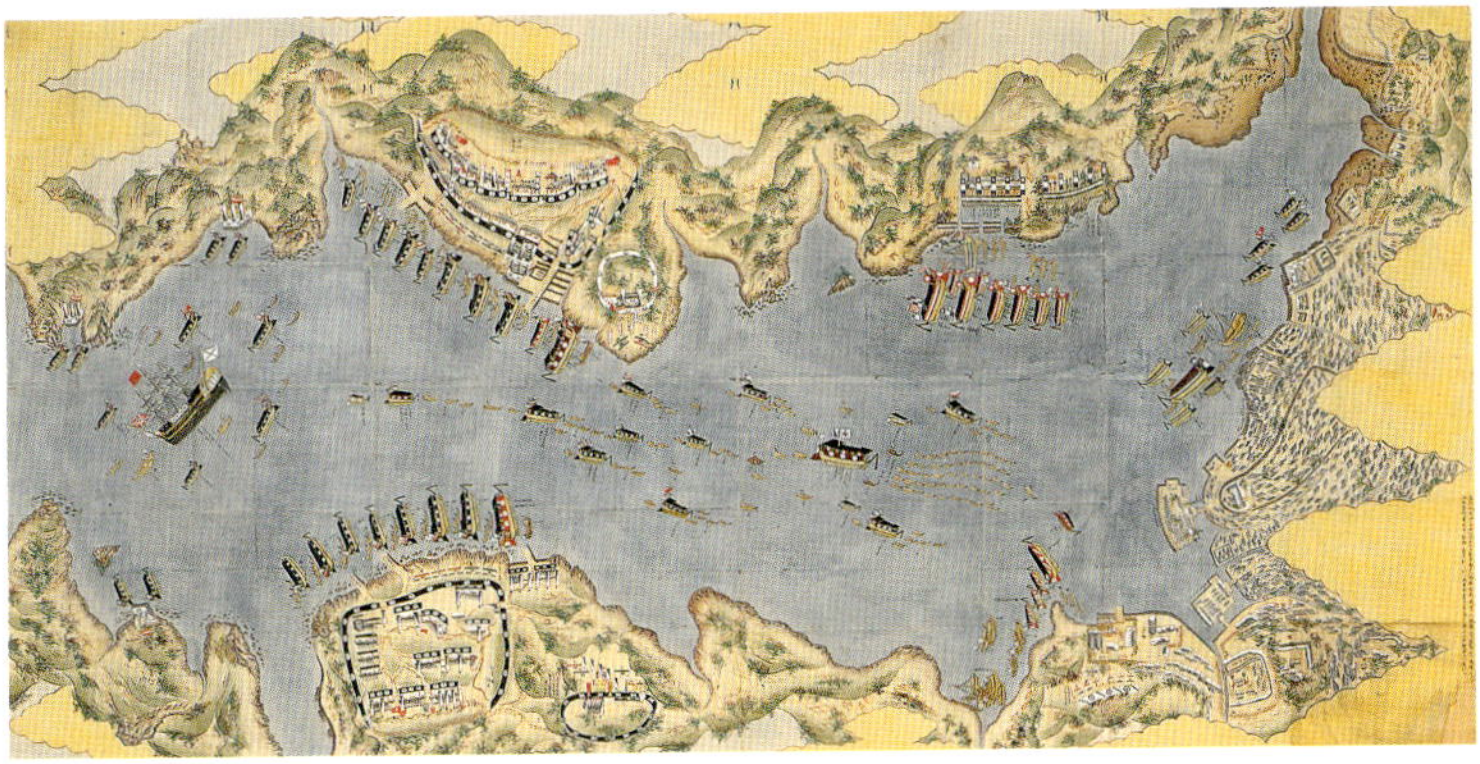
レザノフ上陸の日の長崎（長崎港警備図）佐賀城本丸歴史館蔵

処罰されたのは、老中・松平定信《まつだいらさだのぶ》の不明によるものではなく、老中が西力東漸の国際情勢を詳細に認識していたからこそ、危険思想として弾圧して国民の動揺を防ごうとしたからにすぎなかったのだが、志筑も弾圧を恐れて警戒しつつケンペルの理想論をそのまま訳し、幕府に迎合しながらも、鎖国体制の維持が困難になることは十分に意識していたであろうと推察できるのである。

　享和元年といえば閑叟生誕の十三年前であり、ロシア使節レザノフが長崎に来航する三年前のことである。このとき幕府は、長崎奉行に命じて、ロシア側が送還してきた仙台の漂流者・津太夫を引き取らせ、通商を求めるレザノフを退去させてしまった。この処置をみて、画人で洋学に通じていた司馬江漢《しばこうかん》は、ロシアの使節を半年も長崎に留めておきながら上陸も許さなかったのは失礼ではなかったろうか、レザノフもロシア国王の使者であり、このような態度をとれば必ずや日本を礼儀をわきまえない鳥や獣のように思うにちがいない、嘆かわしいことだと批判し、残念がっている（『春波楼筆記』）。

　江戸幕府の「鎖国」というのは、和辻哲郎が『鎖国』でいうような「鎖ざされた国の状態」でもなければ、完全に国を「鎖ざす行動」でもなかった。対馬の宗氏を通じて朝鮮国と、薩摩の島津氏を通じて琉球国とは「通信国」の間柄であり、また長崎を窓口としてオランダと中国（清国）とは「通商国」の間柄であったし、さらに松前藩はアイヌ人を通じて満洲（現・中国東北部）の山丹地方との「山丹貿易」も行なっていた。ヨーロッパの情報も、オランダ商館長

江戸を散策する外国人／長崎大学附属図書館蔵

から幕府へ提出される「和蘭風説書《おらんだふうせつがき》」によって届けられていたのであり、十八世紀後半からは、ヨーロッパの自然科学や思想などについても、中国で刊行される書籍を輸入することにより認識されていたのである。

もちろん、これらは老中クラスの幕閣や一部の知識人たちだけのことで、一般庶民には知らされていなかった。しかし、江戸時代の民間の情報網や庶民たちの好奇心には、現在の我々の想像を超えるものがあった。徴税（農民統制）のねらい以外の場合、民間の寺社詣の旅などは意外に広域にわたっているし、文人や学者たちは長崎をはじめ全国各地に学問、芸術、武芸などを求めて旅をしており、多くの貴重な記録も残している。箱根など江戸への出入りを厳しく取り締まる関所を除けば、「手形」さえあれば、旅人の往来は想像以上に自由であった。

松尾芭蕉も、若いころの作に、

かびたんもつくばゝせけり君が春
阿蘭陀《オランダ》も花に来にけり馬に鞍

などと、将軍謁見のために江戸へ参府するオランダ商館長の様子を詠んでいるが、安定した幕藩体制下の日本を世界の中に位置づける感覚をそなえ、それをオランダ商館長の将軍謁見の場で捉えることにより、太平を謳歌していたので

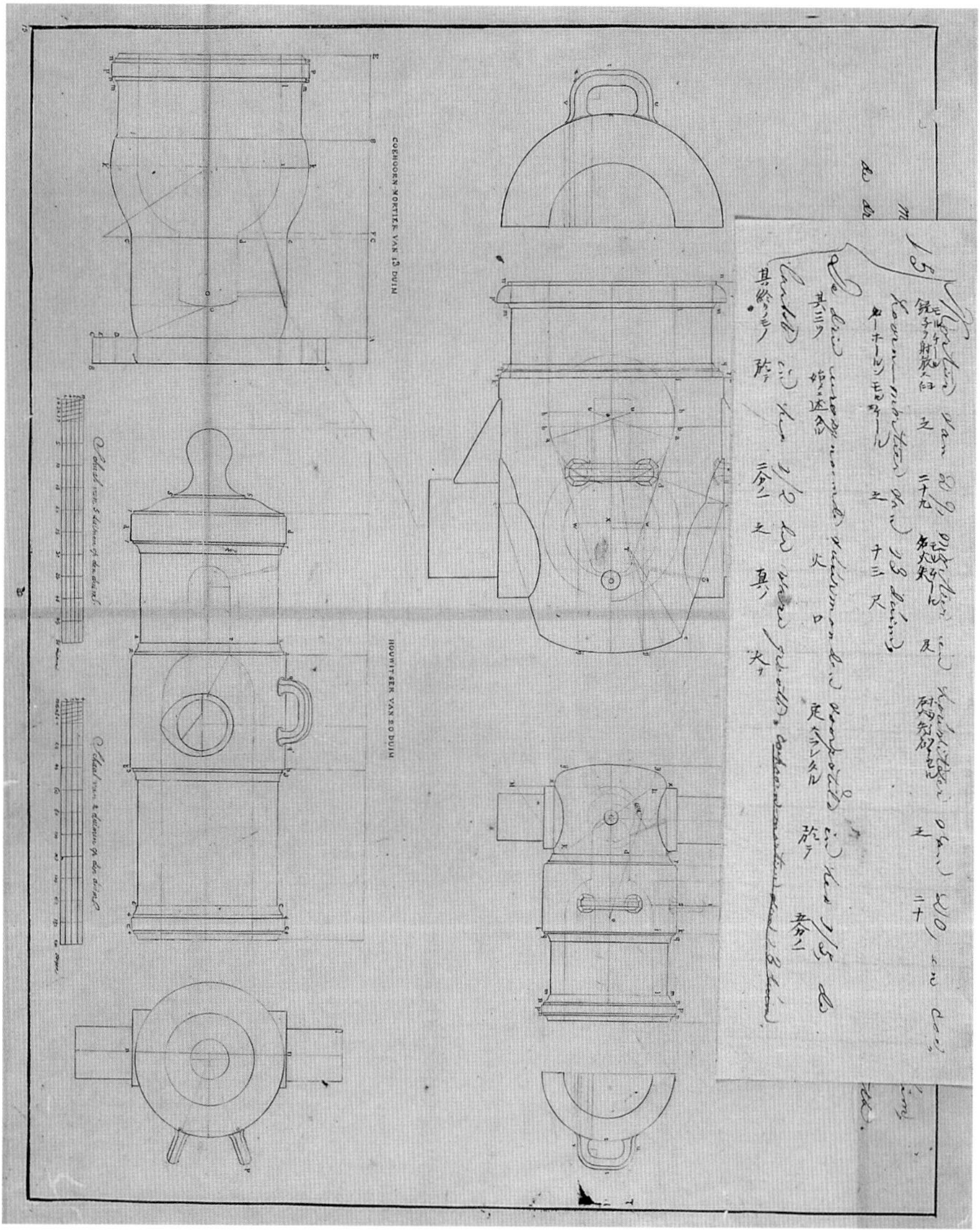

武雄の大砲設計図（モルチール砲）／武雄鍋島家資料・武雄市蔵

モルチール砲／武雄市蔵

ある。なお「かびたん」（甲比丹）はポルトガルの商館長、「つくばゝせ」は平身低頭すること、「馬に鞍」は謡曲の句に拠っている。

　こうした「鎖国といわれるような外交政策」を巧みに捌《さば》いたのが、佐賀の鍋島閑叟であった。

蘭学研究

　寛永十八年（一六四一）以来、佐賀藩は幕府から、福岡藩と一年交代で長崎警備に当たることを命じられていたが、文化・文政年間以降、とくにこの警備体制の充実は佐賀藩にとって大きな課題であった。天保元年（一八三〇）と同十年とを比較してみると、長崎の警備費用は倍増しており、軍事関係費は米で六倍以上、銀で二十倍以上になっている。

　佐賀藩では天保三年ごろから洋式砲術の研究が始められ、天保六年には洋式野戦砲の模型を作っている。さらに天保十三年には年寄役の鍋島市佑《なべしまいちのすけ》にオランダ砲術の稽古が命じられ、弘化元年（一八四四）には「火術方《かじゅつかた》」が設置されて洋式大砲の製造に着手しているが、これよりさき天保八年には洋式武器購入を長崎奉行に申しこんでいる。そのころ家老の武雄領主・鍋島茂義《なべしましげよし》は、長崎で蘭方医学を学んできた中村涼庵《なかむらりょうあん》に日本で最初の種痘を試みさせる一方、家臣の平《ひら》山醇左衛門《やまじゅんざえもん》を長崎の砲術家・高島秋帆《たかしましゅうはん》のもとに入門させ、のちには茂義自身も秋帆から直伝を受けて家臣たちに砲術・調練を施し、武雄領内で青銅砲を鋳造している。閑叟は、この武雄領のオランダ砲術に注目し、天保十一年には茂義に砲術師範を命じ、佐賀本藩へ高島流砲術を導入した。蓮池支藩の藩主・鍋島《なべしま》直与《なおとも》（雲叟《うんそう》）も長崎から高島浅五郎《たかしまあさごろう》を招いて砲数十門を鋳造し、秋帆の門人の山本晴海《やまもとはるみ》を砲術師範として召し抱えている。このように藩内外との技術交流が行なわれるようになったことは、諸外国からの軍事的な圧力に対する危機感が国内全体に高まってきたことを示している。

嘉永三年（一八五〇）二月、閑叟は長崎砲台（伊王島・神ノ島）の増築に着手するとともに、同二十二日、伊豆韮山《にらやま》代官の江川太郎左衛門英龍《えがわたろうざえもんひでたつ》のもとへ書翰を送り、大砲鋳造関係の蘭書研究が不充分であることを訴え、江川塾の蘭学書の借覧と技術者の派遣援助を依頼した。韮山の江川塾では、このころすでに反射炉の模型を試作しており、江川英龍を中心に、蘭学者や技術者が集まって研究がすすめられていた。江川は、老中・水野忠邦から砲台築造の命を受けており、目付・鳥居忠耀《とりいただてる》とは反目しながらも、伊豆、相模をはじめ、房総地方などを巡視していた。

閑叟は、書翰を送るとともに、本島藤太夫《もとじまとうだゆう》を韮山へ派遣した。本島は江川英龍や佐久間象山から教えをうけ、そのころ江戸で象先堂を開いて蘭学を教えていた伊東玄朴を通じて幕府の蔵書などを借用し、佐賀へ帰国した。反射炉の築造においては、伊東玄朴の弟子の蘭学者・杉谷雍助《すぎたにようすけ》が原書の翻訳にあたり、数名の技術者とともに研究をすすめ、嘉永三年七月から同五年四月までに四基を

元治元年(1864)頃の長崎／長崎大学附属図書館蔵

鍋島直正書「好生館」
佐賀県医療センター好生館蔵

完成した。砲身をくりぬく鑽錘台《さんすいだい》や、その動力となる水車なども造られ、嘉永五年六月十一日、ついに四基の反射炉を使用して三六ポンド砲の鋳造に成功したのである。以後、佐賀藩は慶応年間までに二百七十一門の大砲を鋳造しており、うち五十二門は幕府の注文品であった。閑叟はこの大事業に、本島藤太夫、田代孫三郎、杉谷雍助、田中虎六郎、馬場栄作、谷口弥右衛門、橋本新左衛門など、軽輩の武士（手明鑓《てあきやり》）や職人（鍛冶）を登用し担当させた。

佐賀藩の本格的な蘭学研究は、天保五年（一八三四）、医学部門から始まっている。同年、城下八幡小路に設立された「医学館」において、蓮池支藩出身の学監・島本良順《しまもとりょうじゅん》（龍嘯《りゅうしょう》）を中心として、伊東玄朴、大石良英、大庭雪斎、山村良哲らの蘭方医によって、まず初歩的なオランダ語文法書の翻訳・出版などがスタートした。ついで嘉永四年（一八五一）に新たに「蘭学寮」が創設されると、安政元年（一八五四）には整備されて士分にも蘭学研修が命じられるようになったが、さらに「蘭学寮」を弘化元年（一八四四）に設けられた科学部門の「火術方」に付属させることにより、医学のみならず軍事学にもオランダ流が及ぶようになった。「蘭学寮」は、安政四年には中折調練屋敷に移され、翌五年には「好生館《こうせいかん》」（現・佐賀県医療センター好生館）が城下片田江に建設されて、医学校が本格的に整備された。

砲術への取り組み

嘉永六年に来航したプチャーチン艦隊の蒸気船（魯西亜火船之図）
佐賀城本丸歴史館蔵

嘉永六年夏、ペリーより約一ヶ月おくれてロシア使節プチャーチンが長崎を訪れたとき、既に佐賀藩領の伊王島・神ノ島には砲台が築かれ、完成した自家製の大砲が設置されていた。プチャーチンの秘書官で、すぐれた作家でもあったゴンチャロフも『日本渡航記』のなかで、これらの砲台に注目している。古賀精里の三男で当時のロシア研究の第一人者であった古賀侗庵《こがとうあん》の子である幕府の儒官・外交官の古賀謹一郎《こがきんいちろう》の日記『古賀西使日記』にも「まことに藩を傾けての大事業」と記されており、謹一郎に同道した幕府蘭方医・箕作阮甫《みつくりげんぽ》（津山藩出身）の『西征紀行』にも、大洲藩士の蘭学者・武田斐三郎《たけだあやさぶろう》の批評が記されている。佐賀藩の事業が内外ともに多大の注目を集めていたことがわかる。

来航したプチャーチンの応接にあたった幕府の勘定奉行・川路聖謨《かわじとしあきら》の『長崎日記・下田日記』「長崎日記」一八五四年正月二十一日条をみると、

> 絹類の着物を身につけている者は一人もなく、鍋島の領内に入って既に三日になるが、赤銅など金属製の火鉢はめったに見られず、九分どおりは焼物である。これは、領主が外国船の侵略に備えて大砲を多く鋳造しているからで、民間には銅製品の使用は禁じられているそうだ。〔筆者訳〕

といった内容を記し、築地《ついじ》の反射炉（幕府用の大砲の製造に用いた反射炉は多《た》布施《ふせ》にあった）を見学したときには、

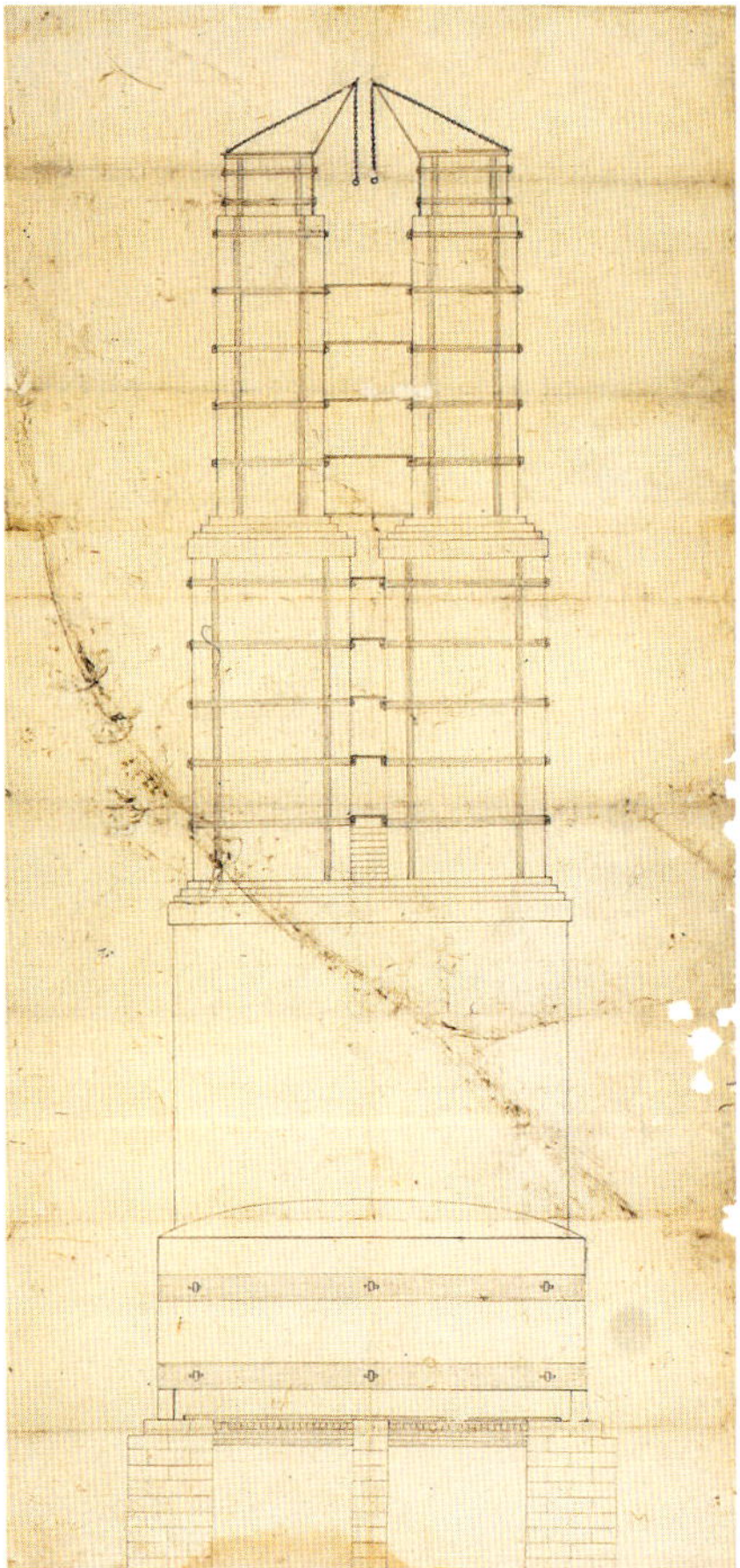

いやはや大規模な設備である。川を堰《せ》き止《と》めて流れを引き、二寸ほどの厚い板で四十間の長さの水路を作り、その末端を滝のようにして水車を回すようになっている。公儀御用の反射炉は九分通りしかできていないので、自藩用の築地の反射炉を見てほしいということでここに来たのだが、一度に銑鉄(屑鉄)一万二千貫を入れ鎔解中であった。昨夜の十二時ごろから始め、今朝十一時ごろ鎔《と》けたのである。この反射炉では砂鉄は用いられず銑鉄が使用

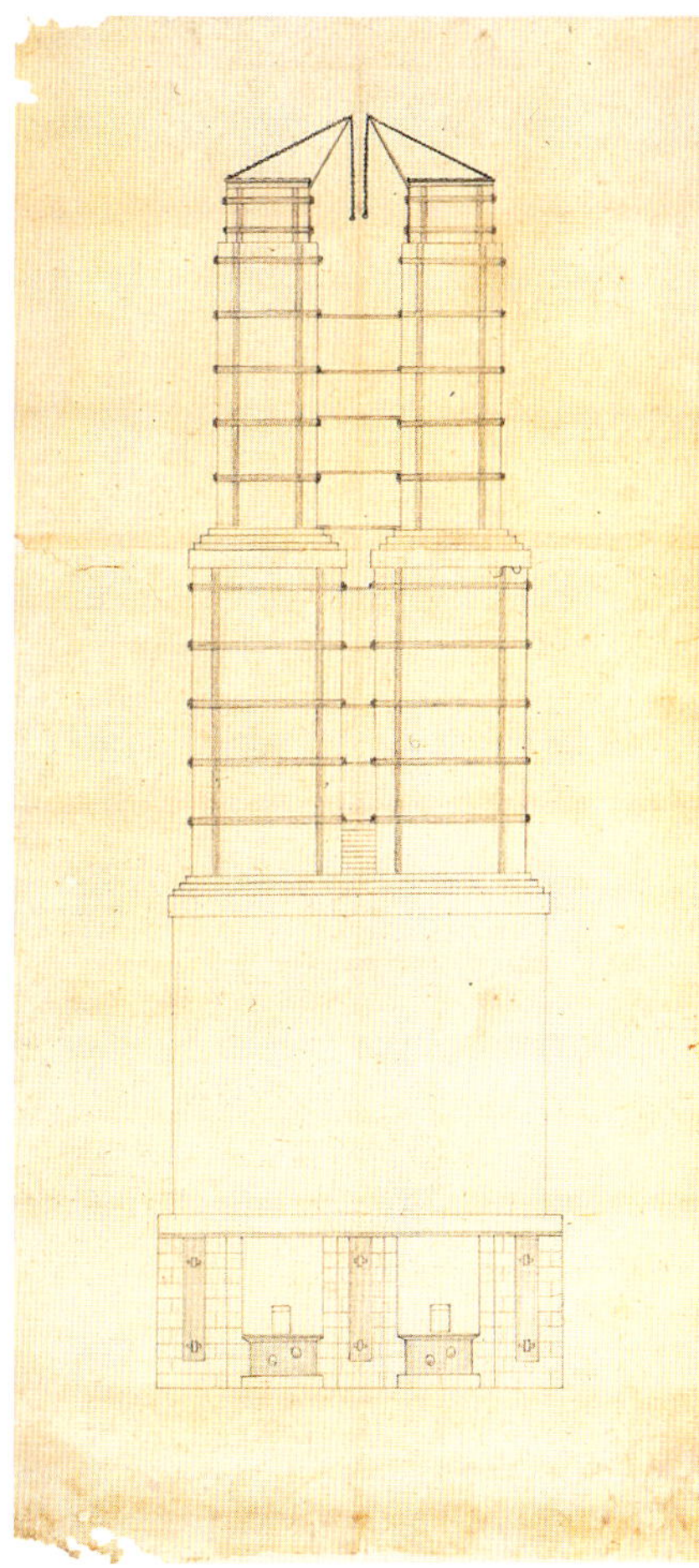

築地反射炉図面／公益財団法人鍋島報效会蔵

島津斉彬像
（『幕末明治文化変遷史』東洋文化協会）

され、鋳造ではあるが銀のように柔らかになるので、大砲を造ることができる。水車の動力で砲身に砲弾の穴をあけたり切断したりするが、仕掛によって、わずか三人の力で一万貫もある重いものを上げ下ろしすることも自由である。〔筆者訳〕

と感心している。

当時、諸藩の間では、鋳砲技術の交流を求める声が強まっていた。しかし一方では、商品流通という経済の変化に逆行してますます割拠主義をとり、技術交流においては秘密主義をとっていた。そのグループとしては、薩摩藩・水戸藩・南部藩の間では技術提携がなされ、鳥取藩・岡山藩・山口藩の間にも技術交流がみとめられる。閑叟は従兄弟である薩摩の島津斉彬《しまづなりあきら》へ蘭書を贈ったともいわれているが、斉彬が水戸の徳川斉昭《とくがわなりあき》に送った書翰をみると、むしろ水戸・薩摩は閑叟を競争相手として警戒していたことがわかり、また水戸藩の藤田東湖《ふじたとうこ》が老中・阿部正弘に宛てた書翰によれば、水戸では韮山の江川英龍を警戒していたようである。閑叟は、津軽、土佐、長州の諸藩からの技術提携の申し入れや援助を断わり、韮山の江川塾とだけ提携していた。

蛮社の獄などにより洋学者が弾圧されるなかにあって、わずかに容認されていた幕府の理化学研究所ともいうべき江川塾と技術提携ができたことが、佐賀藩の洋式軍事工業を成功させた大きな要因であった。またそこには、老中・阿部正弘の特別な配慮があったことも事実である。

海軍の育成

安政二年（一八五五）十一月、長崎海軍伝習所における教育が始まった。伝習生全百三十名のうち、幕府からは四十名、佐賀藩からは四十八名が加わっており、残りが諸藩からの参加者である。この伝習所は、嘉永五年（一八五二）六月にヤン・ヘンドリック・ドンケル・クルチウスがオランダ商館長として着任すると、幕府の要請もあり、オランダの好意によって設けられたものであった。クルチウスはまた、翌年来航予定のペリーの動向を伝えている。

クルチウス着任後の嘉永六年八月六日、閑叟は長崎へ出向き、使者を送って、軍艦数隻を購入したいと申し入れた。六月三日にはペリーが来航していたが、幕府が大船製造の禁を解いたのは九月十五日のことであり、時流を読みとることにすぐれた閑叟のすばやい行動力であった。閑叟としては、これから自力で蒸気船を製造したところで、ロシアのプチャーチン艦隊のボストーク号（イギリスのグラスゴー製で当時最新鋭のスクリュー型の蒸気船）を目のあたりにした経験や、ペリー艦隊の四隻中二隻の蒸気船（外輪船）に関する情報などから、もう間に合わないと考えたのかもしれない。クルチウスは、新任の商館長でもあり、機会があれば日本側に貿易促進を要求したいと考えていたところなので、早速、閑叟の依頼を本国政府に取りつぐ約束をした。

北亜墨利加軍艦之図

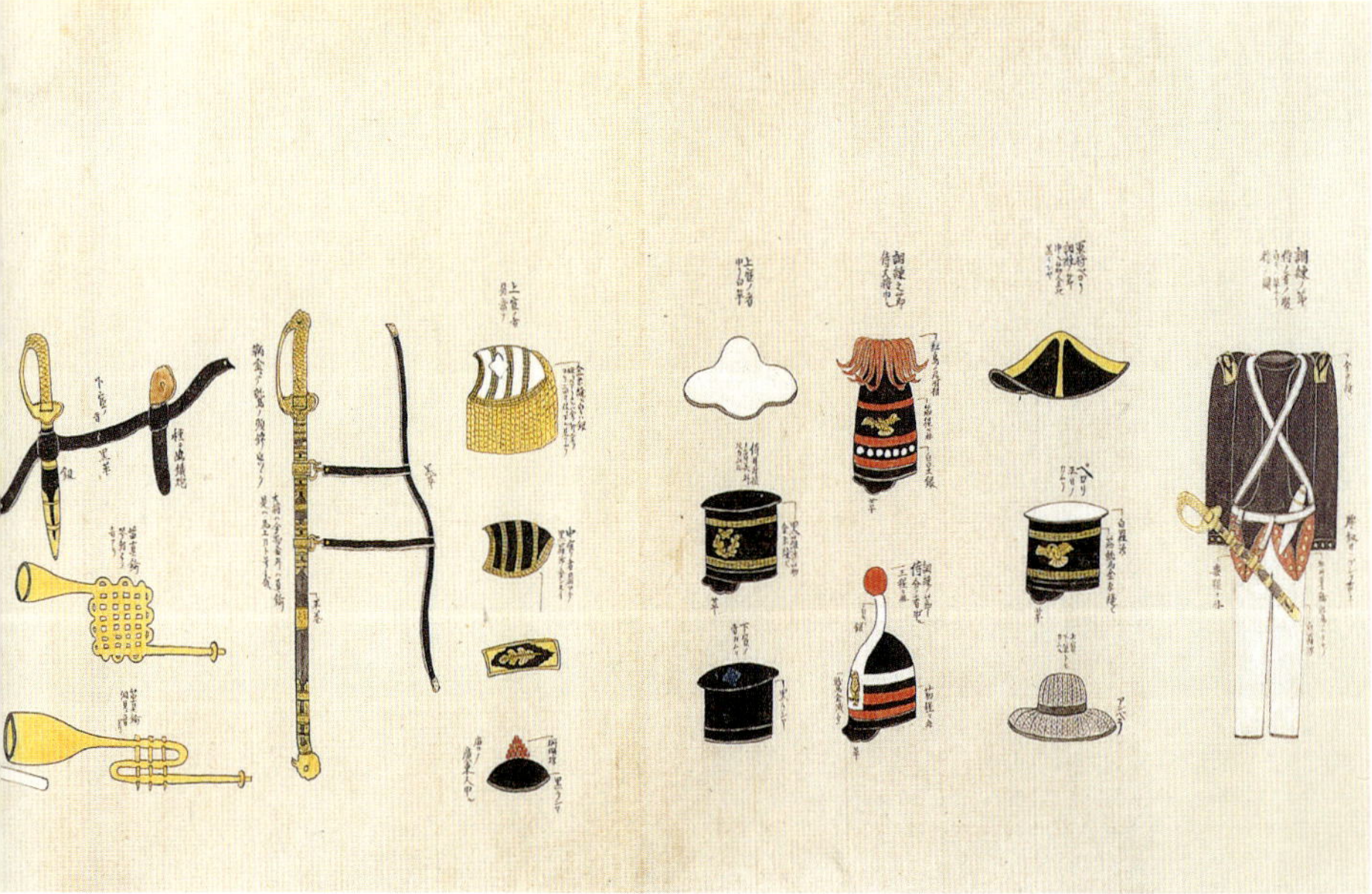

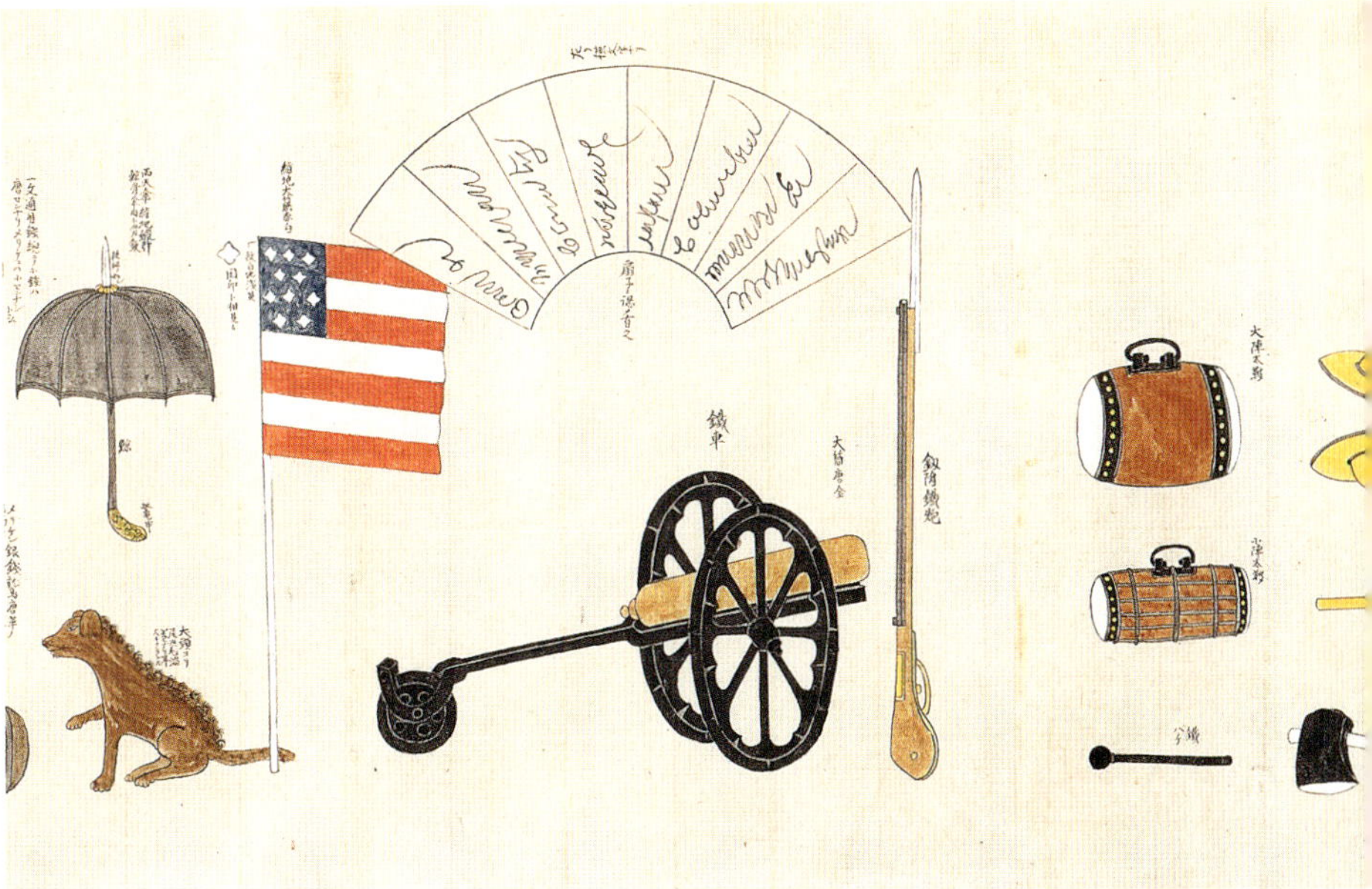

黒船来航図巻（部分）／佐賀城本丸歴史館蔵

同年十月、幕府も長崎奉行・水野筑後守を通じて、幕府海軍の近代化についてクルチウスの助言を求めた。クルチウスは、日本人が機械工学の知識に乏しく、蒸気船による遠洋航海術も未熟であることから、艦船の輸入もさることながら、当面は科学的な基礎知識を養うことが先決であると、奉行の使者に説明した。その上で、オランダから教師を招くか、日本人を留学生としてオランダへ派遣するか、どちらかの方法をとればよいと答えた。

海軍伝習所の最初の教育隊長はペルス・ライケンであった。佐賀藩から参加した伝習生は、次の人びとである。

石田善太夫、佐野常民、池尻勘太夫、島内栄之助、秀島成績、田中源右衛門、田中大之進、本島喜八郎、宮田巳之助、宮地平太夫、秀島藤之助、石井茂左衛門、馬渡七太夫、千布右喜太、伊東兵左衛門、高岸兵次、小部松五郎、川副与八、中野助太郎、田口忠蔵、岡鹿之助、沢野虎六郎、増田左馬進、真木鉄太郎、中牟田倉之助、馬渡八郎、片江久一郎、増田孫作、原元一郎、小出千之助、亀川新八、石丸虎五郎、松村市郎助、松永寿一郎、倉永十三郎、武雄左平太、本島藤太夫、中野喜左衛門、石黒寛次、田中近左衛門、田中弥三郎、福谷啓吉、馬場磯吉、石井健一、村山又兵衛、田崎内蔵之進、平方治三太、坂田孫一郎。

オランダの植民史家シャイスの著書「日本開国のためのオランダの努力」によると、

幕府の伝習生に対する授業のほかにも、隊長は肥前藩主の派遣した伝習生に対して、専門的事項について教育を行ったが、これら伝習生は大部分医師か化学者たちであった。彼等に対しては、とりわけ薬草の調剤を取り扱った。

とあり、はじめは伝習所では、専門教育や実地教育のほかに、まず第一に算術とオランダ語の教育が行なわれたが、佐賀からの伝習生は、ボートの模型づくりや造船の技術もすぐに習得できたし、オランダ語の学習については閑叟から、オランダ語を学習するための学校の創設に対する要望を提出するように求められたという。閑叟は、この安政二年の五月二十三日には藩内の蘭学寮を視察しており、「精煉方《せいれんかた》」（嘉永五年創設の科学研究所）に電信機や蒸気機関の研究の推進を命じている。

この前年の八月二十六日、オランダの蒸気船スンビン号に試乗したときの閑叟については、やはりシャイスによって、

スーンビン号に乗って巡航を試みたが、その際に、もしある蒸気船が肥前に現われたとしたら、スンービン号のように静かに横たわっているわけにはいくまいといい、それに付け加えて、「私の家来たちはとにかく学ばねばならぬのだ」といった。最上の日本製の大砲、百五十ポンドの暴母弾〔着弾すると破裂して破壊力があるカノン砲〕加農砲 bomkanonen horizontale boorbanken さえも肥前で鋳造されており、また水平旋盤を水力で回転させる方法を用いて孔をあける方法が行なわれていた。

さらにまた、

幕府当局は、肥前侯の家臣若干名〔四十八名〕に対して授業に出席することを許可した。概して、これらの伝習生は最も優れ、また最も進歩した者たちであり、時々幕府伝習生を奮発させる動機となったが、派遣隊はそのような事態がなるべく起るように努めた。

と記録されている。

オランダ人との交流

オランダが派遣した第二次教育隊の隊長カッテンディーケは、『長崎海軍伝習所の日々』において閑叟について、

侯は西洋の芸術、科学に非常な関心をもち、自分の領内においては、極力その保護の方法を講じている、いろいろ事情にも明るく、種々なる新発見のことを聞き、また一度オランダへも行き旧知のファビュス氏（訳注略）や私の

宅をも訪ねてみたいと思っているとも告げた。

と述べ、安政六年正月には次のように記している。

肥前の都であり、藩侯の城下町でもある佐賀を訪問するはずの我々の計画も沙汰止みとなった。理由は一意江戸の意向に従順ならんことを心掛けていた長崎奉行は、肥前侯に、もはや旗本の生徒は同道するを得ない〔伝習所閉鎖のため〕から、我々オランダ人もまた迎えることができない旨を伝えさせたからである。これは我々にはただ失望したというだけであったが、気位の高い藩侯には、よほど癪に障ったとみえて、その重役をもって、彼はせっかくオランダ士官たちを迎えるために、建築に掛らせた邸宅が、既に落成し、今やオランダ人の来訪を鶴首して待つばかりだと伝えさせた。

幕府は海軍伝習所を閉鎖したが、オランダの医官ポンペによる医学伝習と、ハルデスによる製鉄所建設だけは続行させることにした。ポンペはカッテンディーケに同行して安政四年に来日しているが、その『日本滞在見聞記』には、

肥前藩主（鍋島直正）もまたいつもながら多大の関心をわれわれに示した。侯もしばしば長崎に来て長時間出島のわれわれを訪問したこともあり、またときど

きわれわれを食事に招いたこともある。このような宴席では、侯はたびたびこのオランダによる教育の大切なことをよく理解した話をした。そして侯はグラスに酒を満たしてわれらが尊敬するオランダ国王陛下の健康を祝してくれた。これに対して、ファン・カッテンダイケ氏がこの侯の祝杯に対して答

ポンペ（上）とボードイン（下）／長崎大学附属図書館蔵

礼し、ふたたび将軍の健康を祈って交されるのだった。このような宴会はいつも長時間にわたって続いたのであるが、終りにはたがいに忌憚《きたん》なくこの国の現状について語り合い、毎日起ってくるところの大きな変革についても話し合ったことであった。

と、注目すべき内容が語られている。

閑叟は、このポンペのもとへ、島田東洋、永松玄洋、宮田魯斎らを送り、医学を学ばせている。またポンペの後任となったボードインには、相良知安、福地文安らを送って、医学伝習をうけさせた。新知識の吸収に対して、閑叟は全く息つく間もないほど緊張した配慮を尽くしている。

閑叟は自身も好奇心旺盛で、カッテンディーケの前出の記録では、長崎の飽ノ浦の機械工場を見学した閑叟は、カッテンディーケたちが立ち去ったあとで、アムステルダムから派遣された二人のオランダ人の職工たちの証言によると、「侯はそこで暫く止まって、鉄板に穴を穿《あ》けたり、鉄板を削ったりして慰んでいたそうだ。しかし我々の前では気後れでもしてか、やってみようとしなかった」という。

久米邦武によると、閑叟は、福沢諭吉の『西洋事情』が愛読書であった。しかし政治的には、大名会議の公議政体派ではなく、公武合体による幕藩体制再編を図る公武合体派に終始した。

第三章　肥前の隠居

鍋島家の格式

文久元年（一八六一）になると、年頭から、閑叟の身辺は慌ただしかった。まず正月十二日、幕府老中からの急使によって、佐賀藩に「三本槍《さんぼんやり》」の特許のことが伝えられた。

三本槍とは、大名行列の先頭を飾る三本立ての槍のことで、武家として最高の格式にあることを表わす特権であった。当時、三本槍を許されていた大名は、加賀の前田家（百二万二千石）を別格として、薩摩の島津家（七十七万石）、仙台の伊達家（六十二万石）、熊本の細川家（五十四万石）、福岡の黒田家（四十七万三千石）、安芸の浅野家（四十二万六千石）、長州の毛利家（三十六万九千石）の六家だけであったが、これに佐賀の鍋島家（三十五万七千石）も加えられたわけである。

ちなみに石高をみておくと、天皇家は四万石、公家は百三十七家で八万石、幕府は七百万石であり、鍋島家は二八六藩中の八番目にあたり、大大名のひとつであった。平均すれば、国民は一人あたり一石（一五〇kg）の米があれば一年間を暮らしていくことができたといわれているが、全国の石高は表高《おもてだか》（実収ではなく目録に記載されたもの）で約二千八百万石で、江戸時代を通じて人口は約二千八百万人であった。佐賀藩は、三十五万七千石のうち本藩は八万五千石弱であったともいわれ、支藩（小城・蓮池・鹿島）、親類、親類同格で二十七万二千石強であったという。寛永四年（一六二七）に五万四千五百十石の打出《うちだし》（検地の増分）があり、計算方法に諸説あるものの、寛永十一年（一六三四）には総石高は四十九万七千八十五石であったと算出する研究もある。本藩の収入にしても、小物成（米以外の雑税）を独占しており、また三部上知（土地の三〇％を返納させる）や、長崎貿易による利益なども繰り入れると、十四万石から十八万石あったのではないかともいわれるが、結論は出ていない。

幕府から三本槍の栄誉を与えられたのには、それまでの下地があった。安政六年（一八五九）十月十七日、江戸城本丸が炎上し焼失した。城中の大火災であった。ちょうどその直前、閑叟は九月七日に佐賀を発って十月十日に江戸着、十五日に登城したすぐのちの出来事であった。江戸城火災の報を受けると閑叟は、ただちに供揃えを命じて登城し、炎上翌日の十八日には将軍家西御丸退去を知り、早速、御機嫌伺いに駆けつけている。そして、幕府に対し十二月一日

鍋島直正と諸侯の縁戚関係

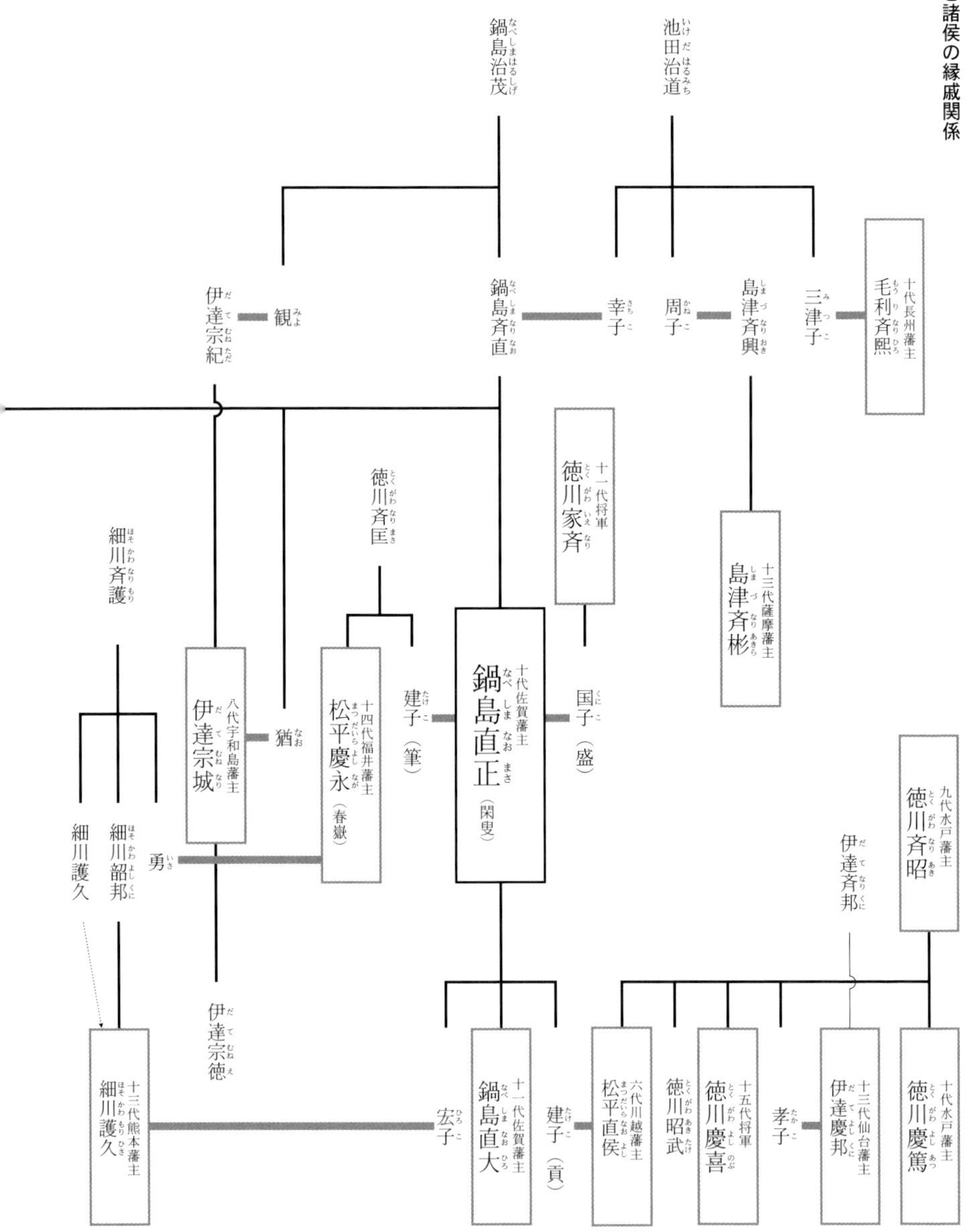

※収録の都合上、兄弟の配列が生年順になっていない箇所がある

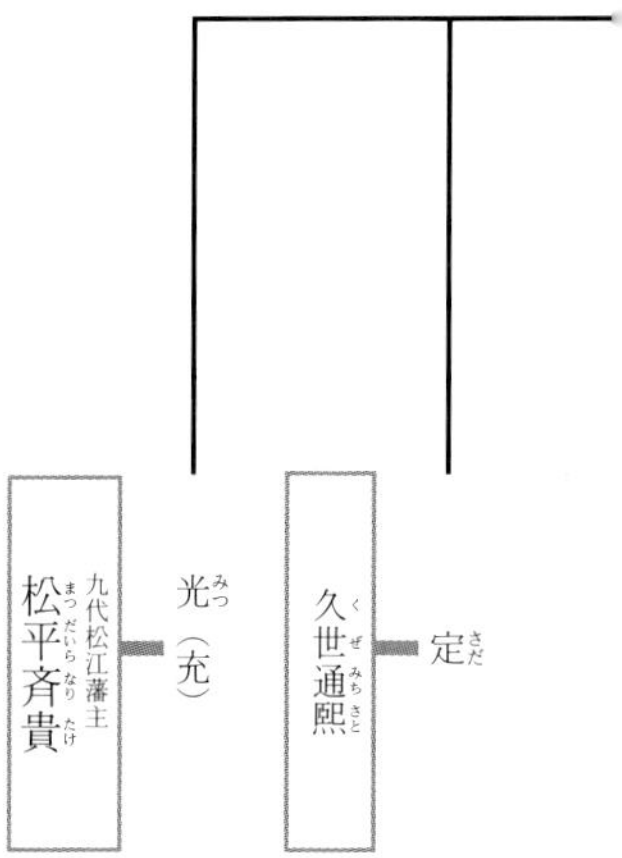

付で二万両の献上金を願い出たところ、同月十六日には、藩力を尽くして長崎警備に当たった功により、閑叟は近衛中将に昇進した。

この、佐賀藩の幕府に対する二万両献金については、前段となる事情があった。天保六年（一八三五）五月十日、佐賀城の二の丸から出火して本丸が焼失し、その復興には、およそ十万両の建築費が必要とされた。今日、平成の佐賀城本丸再建（七五〇〇㎡のうち二五〇〇㎡）にさいしては約三十二億円が県単独の予算措置でまかなわれているが、全体を再建するためには、やはり十万両（現在に換算すると約百億円）以上の予算が必要であったと推察される。このころ佐賀藩は、天保期の財政再建七箇年計画に着手して二年目のことでもあり、幕府から二万両の拝借金を補助として得ていたのである。この二万両は努力のすえ、五年間で返済されている。また、嘉永四年（一八五一）には、砲台築造、医学校・蘭学寮新設、反射炉築造などのために、幕府から五万両拝借の許可を得ている。この拝借金は、佐賀藩の諸事業の完成が評価されて、安政元年（一八五四）に免除された。このように、幕府から拝借金の配慮を受けてきたことを、閑叟は肝に銘じていたわけである。

この文久元年、二月十五日には、閑叟の世子である直縄《なおただ》が初めて江戸城に登城した。直縄は、親類筋にあたる宇和島藩第九代藩主伊達宗徳《だてむねえ》に同道し、その侍従の席について第十四代将軍家茂《いえもち》に謁見した。伊達宗徳の養父（実は兄）の宗城《むねなり》は閑叟の姉・猶姫《なおひめ》の夫であり、したがって直縄にとって宗徳とは従兄弟同士となるが、また宗城と宗徳の父・宗紀《むねただ》の夫人も、閑叟の叔母（斉直の妹・観姫《みよひめ》）という関係にあった。

これよりさき二月十三日に直縄は、将軍家茂の「茂」を授けられて茂実《しげざね》と名を改め、松平信濃守を称して、従四位侍従に叙せられた。佐賀藩では直縄の以前に、初代鍋島勝茂の弟・忠茂と勝茂の二男・忠直が二代将軍秀忠から「忠」を、忠直の子の第二代藩主光茂は三代将軍家光から「光」を、第三代藩主綱茂は四代将軍家綱から「綱」を、第四代藩主吉茂（矩茂）は五代将軍綱吉から「吉」を、第五代藩主宗茂と第六代藩主宗教の二人は八代将軍吉宗から「宗」を、第七代藩主重茂は九代将軍家重から「重」を、第八代藩主治茂は十代将軍家治から「治」を、第九代藩主斉直と第十代藩主直正の二人は十一代将軍家斉から「斉」を、それぞれ一字名拝領（偏諱を賜う）している。こうした佐賀藩の将軍家との密接な関係の背後には、将軍家への鍋島焼献上のことが影響していると推察されるのだが、また佐賀の陶磁器に関しては将軍家からの特注もあったと伝えられている。

世子の直縄が茂実と名のり（明治元年三月十四日には直大となる）、江戸で将軍の御目見《おめみえ》を得たとなると、ついで元服・跡目相続の運びとなり、閑叟は隠居するものと世間では察するのが通常である。やがて閑叟隠居内決のことが発表されると、その真意が領内の話題にのぼった。ごく普通の観察では、幕政と藩政の安定を願い、長崎防備の完成に努めてきた閑叟は、後継者の元服を得て、今後は後見という自由な立場から、蒸気軍艦を利用して機会あらば海外雄飛をめざすのでは、というところへ落ち着いたのであった。

鍋島直正の隠居

同じく文久元年（一八六一）五月、北斗七星の北に彗星（ほうき星）が現われ、世間では「幕政一変」がささやかれたのだが、鍋島閑叟隠居の事実は、諸大名の注目するところであった。一例を挙げると、著名な会津藩の幕末史、北原雅長の編著『七年史』上巻によると、「鍋島閑叟の内願して、隠居したるも、徳川家の政務紊乱して挽回すべからざるを知覚し、退いて自家の富強を経営せんと為《す》るにあり、其他の大藩もまた、自国に拠るの形勢あるを聞く、是皆《これみな》政務の宜しきを得ざるに起因」云々と評している。

この年、十二月の「隠居家督願」を提出する時点までの閑叟には、海外雄飛、幕政改革などの意欲が存したかもしれないが、のち元治元年（一八六四）十月二十三日の離京のころには、閑叟の心境としては次の七言絶句が示すようなものであり、『七年史』の評が当たっているのかもしれないのだが、しかしその裏では、かれこれ秘策が練られていたのかもしれない。詩を見てみよう。

二頃田園久廃鋤。未遑企脚臥蝸蘆。
笑吾逢事難沈黙。為有胸中万巻書。

二頃（一〇〇アール）の田園も久しく鋤をとって耕していない。かといって、爪立って遠く望みをかけると小庵に引き籠もるわけにもいかない。おかしな話だが、世相の展開・変化をみると黙ってはおられず、胸中には万巻の書にも匹敵する施策がある。

とでもいうところか。

まことに真実は分からないものだが、察するに、陶淵明《とうえんめい》の「帰去来辞」の心境であろうか。「帰去来兮、田園将蕪（帰りなんいざ、田園まさに蕪《あ》れなんとす）」とあるのになぞらえながらも、『七年史』が説くように「退いて自家の富強を経営せん」と表面をつくろいながら、閑叟は幕末の政局に対する秘策をめぐらしていたのかもしれない。たしかに、文久年間以降の閑叟の動向は、世間の注目の的となっているのである。

まず、文久二年に閑叟は、健康状態がすぐれないにもかかわらず上京し、さらに江戸へ向かった。東上日程は、陸路で博多を通り、十一月十七日に大里から電流丸に乗船し、オランダ国王が幕府に献上して佐賀藩預かりとなっていた観光丸（スンビン号）を従えて二十二日に大坂着。十二月十九日（二日とする記録「中山績子日記」などもある）に御所へ参内し、攘夷の勅諚と天盃を受けた。翌文久三年正月七日、江戸城へ登城し、将軍から、文武相談役（文武修業筋之世話）として「容易ならざる時節ゆえ、心付き候儀は腹蔵なく」申し出るよう命じられた。そして正月二十五日には江戸を発ち、二月八日に京都へ到着。同月十五日に佐賀の三重津を出港した電流丸と観光丸を大坂で迎え、三月一日にこれに乗船して三日に大里へ着き、十日には帰城している。まことに慌ただしい日程であるが、閑叟が動くと周囲が、それぞれに関心を寄せている。

『肥後藩国事史料』第三巻所収の「良之助様御上京中日記」（細川護美〈長岡良之助〉）文久二年十一月二十四日の条には、「松平閑叟様今日御京着黒谷真如堂へ御旅宿に相成候」とあって、大坂へ着いた二日後には閑叟は京都に入っていることがわかる。閑叟は、江戸へ赴く途中に京都へ立ち寄って十二月に参内したわけであるが、小寺玉晁編『東西評林』によると、十二月五日の段階で幕府は、御用が済み次第、滞京が長引かないうちに江戸へ出発するようにと達して、閑叟の江戸入りを急がせている。

これよりさき、同史料所収、十一月六日付・閑叟宛の老中井上河内守正直の書翰には、閑叟は持病の痔疾がひどく、文久二年二月に国許で治療したが良くならないので、秋か冬に江戸へ出かけて伊東長春院（玄朴）の治療を受けたいとのことを了解したとあり、これによれば閑叟東上の表向きの理由は痔の治療となっていたようだ。しかし、朝廷側には、閑叟の姉・定姫《さだひめ》の夫である久世通熙《くぜみちさと》（母の晟姫《てるひめ》は閑叟の叔母）を通じて朝幕間の調整を図りたいという思惑があり、幕府側には、幕政改革について諮問したいという意向があったため、共に閑叟を厚遇したのである。伊東玄朴は佐賀藩を代表するシーボルト門下の蘭方医で、種痘の創始者として安政五年には幕府の種痘所を開き、文久元年に西洋医学所の取締となっているが、閑叟の痔の治療というのも単なる口実ではなかったようである。

短い京都滞在であったが、閑叟は十二月二日（あるいは前出十九日）に参内し、三日には関白近衛忠熙《このえただひろ》に面会して京都守護職を懇請している。この閑叟の動向が世間で問題となった。『肥後藩国事史料』第三巻所収の「投筆餘編」に、

肥前鍋島家の老主が関白に対し京都守護を願い出ているが、これまでの長崎警備の役を断わって、佐賀藩だけで大坂警備を務め、京都を防衛する覚悟だという。同じく筑前黒田家も一年交替で長崎警備に当たっていることであるから、黒田家との内談もなしに申し出るとは不可解なことで、最近の肥前老

主の内願については諸藩も不思議に思い、何らかの単独行動をとらんという深謀の野心でもあるのではと警戒している。〔筆者訳〕

とあり、同月二十五日条では、次のように評されている。

肥前老君は関白に対し、「長崎警備などは誰にでもできることで、大坂・京都を守ることは特別な実力者でなくては実行できることではない。しかし私ならば、足軽三十人・兵士二十人の力で充分に現在の警備陣を討ち敗ることができる」と申し出たというが、これは戯言・狂言ともいうべき暴言である。老君は、江戸出向の勅を得て大悦びで京を発ったが、胸中にいかなる謀略があったものであろう。〔筆者訳〕

また、同史料所収の「鶴鳴餘韻」（宗城公御事蹟）では、次のようにある。

文久二年十二月二十日、宗城公が閑叟公に会見をもとめたが、江戸出府の準備で忙しく断わられた。馬を飛ばして出かけていって会ったが、二言三言やりとりしただけであった。〔筆者訳〕

関白に京都守護職を願い出たものの、薩摩の島津公からも同様の申し出があったということで京都には居づらくなったのであろう、閑叟は十二月二十一日に京都を出発し、江戸へ向かった。その慌ただしさを、熊本藩主名代の長岡《ながおか》護美《もりよし》は十二月二十一日付書翰で、肥前老公は、今日、お立ちになって江戸へお出でになったが、とうとう面会できず残念であった、と国元の老臣に伝えている。宇和島藩主伊達《だて》宗城《むねなり》も『在京日記』文久二年十二月二十三日の条に、

閑叟は、京都守護が大切であるから長崎警備を断わりたいと願ったが、最近は幕府も朝廷の攘夷命令を尊重する立場にあるから、長崎警備の役が解除されるわけはない。関東の幕府との調整を命じられている閑叟の申し出は不可解であるし、関白が許さなかったのは当たり前である。〔筆者訳〕

と記している。また翌三年正月二十三日条に、攘夷のための京都守護ならば、征夷大将軍として委任を受けている将軍に願い出るのが筋だとして関白から論されたのは当然であるとして、「一時、閑叟議論厳敷《きびしく》申張《もうしはり》候由、然《しか》しながら心裡不可解事候」と結んでいる。

また、閑叟が幕府の文武相談役となったことについても、正月二十五日条に、

閑叟の京都守護は不都合なので将軍が文武御相手役を命じられたのだが、閑叟は文武相談役ぐらいでは不満足だろう。〔筆者訳〕

とあり、二月十八日条では、諸大名が参内を命じられたとき、すでに二月八日に閑叟は江戸から京都に戻っていたのに参内しなかったことを特記している。このころ京都では「天誅」を称する暗殺事件が横行していたため、閑叟は病気を理由に参内しなかったのだとも噂された。

将軍上洛を前に、幕閣首脳をはじめ雄藩藩主のほとんどが京都に集まったことから、そのころの政局の中心が江戸から京都に移った観があった。幕府の浪士組が壬生村に屯集したのも、このころのことである。当時、公武合体派の公卿の勢力は衰え、尊皇攘夷派が実権を握りつつあった。二月十八日、在京中の徳川慶勝《とくがわよしかつ》、一橋慶喜《ひとつばしよしのぶ》、松平慶永、山内豊信《やまうちとよしげ》、黒田斉溥《くろだなりひろ》、伊達宗城ら二十一人が宮中に参内し、攘夷決行の方策が諮問されたのだが、このとき閑叟は参内しなかったわけである。そしてこれは、佐賀藩が尊皇攘夷派から脱落したことを意味した。したがって幕末の混乱の終局まで、鍋島閑叟は公武合体派として自他ともに許す存在となったのである。

文久三年（一八六三）二月十三日、将軍家茂は江戸城を出発し、陸路京都へと向かった。幕府はまた、「生麦事件」などの影響によりイギリスとの交渉がむつかしくなったことから、二月二十七日、京都所司代を通じて諸大名に軍備を命じた。

朝廷の学習院は、御所警備のために在京諸大名に対して一万石につき一人の

一橋慶喜（右）・松平慶永（左）／福井市立郷土歴史博物館蔵

伊達宗城／同右

親兵を出すように命じたが、佐賀藩は学習院の命により長崎警備に全力をあげざるをえないことになった。しかしそれは閑叟の本意ではなく、閑叟としては御所の警備を重視すべきだと考えていた。これは宇和島の伊達宗城、福井の松平慶永、長州の毛利定広も同様であった。『伊達宗城在京日記』二月二十八日条には、

今日の夕方、閑叟が来訪し、昨日の夜半に出された学習院からの命令について話し合ったが、春兄（春嶽・松平慶永）も、御親兵設置を実現することは天下の公論であると進言したのに、幕府が消極的で採用しなかったのは残念であり、われわれの努力もこれまでと泣血（血涙を絞って悲しむ）の結果となってしまった。〔筆者訳〕

とある。閑叟としては、親兵設置を命じられる一方、「長崎警備専念の朝命」があったので残念に思ったのである。閑叟は佐賀藩単独で京都守護にあたることを念願していた。

同日の福井藩村《む》田《ら》氏寿《うじひさ》らの史料、『続再夢紀事』（四）によると、松平慶永の京都屋敷に、細川《ほそかわ》護久《もりひさ》（のち閑叟の娘・宏姫《ひろひめ》の夫）、伊達宗城、鍋島閑叟らが参集したが、このときの閑叟の発言は、

諸藩から集めた親兵では役に立たない。公武合体派としては、尊攘派が諸藩の連合軍を指揮するようになっては幕府の兵馬の権が失われることになるし、幕府の下にある京都守護職の存在意義も薄れる。〔筆者訳〕

というものであったという。

朝廷側（尊皇攘夷派）が、二月十八日に参内しなかった鍋島閑叟に対して、京都守護の親兵を出すよりも長崎警備に専念するように命じたところに、閑叟に対する敬遠気味の姿勢をうかがうことができる。しかし、どこの藩が京都守護職を担当するかについては、公武合体派の内部でも競争があり、駆け引きがあったのである。福井、宇和島、土佐、熊本、福岡の諸藩主は賢明にも、尊攘派・合体派のどちらにも顔を通じていたのだが、三月十四日に入京した薩摩の島津久光は五日後に、福井の松平慶永は三月二十一日に、土佐の山内豊信は二十六日に、宇和島の伊達宗城は二十七日にと、公武合体派の主だった面々は、それぞれ京都を離れ帰藩してしまった。閑叟は一足早く二月二十九日朝に京都を出発し、三月一日に大坂で電流丸に乗船、三月十日に帰城したのであった。

長州征討における動向

文久三年における政局は、しだいに長州藩を中心とする尊皇攘夷派が優勢となっていった。しかし、会津・薩摩の二藩による、いわゆる「八月十八日の政変」が起こり、長州藩は京都を追われ、公武合体派が勢力を回復していき、京都守護の親兵も廃止された。この政変により、三条実美をはじめ七人の尊攘派の公卿が京都を追われて三田尻に動座し、のち慶応元年（一八六五）には五人に減った公卿たちは大宰府に移動させられる。その間にあって、反目していた薩摩と長州とが和睦同盟し、福岡をはじめ九州の諸大名も結集していく経緯について、新しい研究が発表されている。七卿の一人、東久世通禧の日記によると、尊攘派公卿としての東久世は四国・九州の諸大名に誘いをかけており、そのうちの一人として、公武合体派である閑叟を標的として特に期待を寄せているのであるが、それに対して閑叟が内諾していることがわかるのである。

文久三年十二月三十日、諸雄藩に対して朝議参予が任命され、将軍家茂も上洛することになり、公武合体派の主導により国是が決定されていく気運がみられた。朝議参予に任命されたのは、一橋慶喜、松平容保《まつだいらかたもり》、松平慶永、山内豊信、伊達宗城で、翌年一月十三日には島津久光が任命されている。

このころ鍋島閑叟は病床にあり、朝廷に対し世子直大の参与を願ったが、長崎警備当番が優先とされた。薩摩と長州の反目を融和させたいと念願していた閑叟は、家老格の多久茂族（多久領主）と相談役の中野数馬を上洛させ、公武合体を推進しようとしていた。幕府は権威奪還を狙って、長州を強い態度で非難したが、島津久光ら公武合体派の諸侯は幕府に対して不満を感じはじめ、この文久三年二月末になると退京してしまい、公武合体派の勢力は衰えていったわけである。

翌元治元年（一八六四）四月、幕府は閑叟を宰相に推任しようと図り、閑叟はこれを固辞しつづけるものの許可されなかったが、のちに辞退許可となった。七月十八日、長州追討の勅命が下った。

八月、閑叟は執政の武雄領主鍋島《なべしま》上総《かずさ》（茂義《しげよし》）を上京させて情勢をさぐらせ、閑叟自身による「天気（天機）奉伺」（天皇と対面して御機嫌を伺う）のことを申請させた。閑叟は九月二十九日に佐賀を出発し、十月一日には熊本に着き、城下の沢屋に泊まった。『肥後藩国事史料』巻五所収「小笠原美濃日録」によると、このたびの上京は天気伺いのためであって他意はないとあり、同「安津《あっ》免久佐《めぐさ》」によると、長州征伐の不可なることを公卿に説き、止めないときには天顔を拝して直諫せんがための上京であるとする。また「長防御追討一件」では、十月十三日入京し、翌十四日に二条関白斉敬《なりゆき》に面会したことが記され、さらに「上田久兵衛報告書」にも「天気伺《うかがい》計《ばかり》之《の》事」と報告されている。

この閑叟の入京には、公卿や諸大名ばかりでなく皇室一族も注目していたらしく、『孝明天皇紀』所収の「朝彦親王日記」十月十五日条には、閑叟上京は天気伺であって、世評ではまことにいろいろ噂をしているが、すべて真実ではないとあるが、世間ではとかくの疑惑を招いていたらしい。十月十七日、閑叟は参内して御剣と天杯が下賜され、御下問があった。その間の事情については『徳川慶喜公伝』に詳しい。

閑叟は予《かね》て屢《しばしば》上京の命を受けながら、病と称して出でず、一向封内の富強を務めて、諸藩の国事に斡旋せるを傍観せしかば、世には其意測るべからずなど噂せしに（略）、十月十三日天機伺《うかがい》の為とて上京し、翌日二条関白に候し〔訪問〕、十七日参内し、即日帰国の暇を賜わる、勅して今後皇国の為に尽力せしめ、且意見を上《たてまつ》らしめ給う（略）。閑叟京を発するに臨み上書して、「公武合体にて政令分明ならば、自然に国体も立ち、海内平穏にして公武栄久の基本たるべし、七月十九日長州の暴動は恐懼の次第にて、征伐も仰《おおせ》付けられし程の儀なれども、願わくは一応の御詰問あらせられて然るべからん」との意を述べたり（略）。

と説明している。「長州の暴動」とは「禁門の変」（蛤御門の戦）のことであるが、一応、お叱りの上、反省を求める必要があるとの意見であった。

十一月十一日付の伊達宗城宛の一橋慶喜書翰にも、

肥前閑叟については、まったく天機伺いだけで退京。二、三年前から天皇の御招請があったのにお応えしてなかったので、その申し訳のための上京であった。本心はどうなのかと疑う人びとも多かったが、滞京もわずかであり、異聞といった特別な様子もなかったので御心配なく。〔筆者訳〕

とあり、閑叟は政界の実力者として話題となっていて、慶喜や宗城も閑叟の動きには注目していたらしい。

征長を主張する者たちは閑叟が征長に反対していると考え、閑叟にはなんら相談をもちかけることもしなかった。十月二十三日に閑叟は平穏無事に退京し、二十五日に大坂を船で発った。

幕府は征長軍の副将に松平慶永を任命しようとしたが固辞して受けず、尾張の徳川慶勝も総督就任を渋った。鳥取の池田慶徳《いけだよしのり》、岡山の池田茂政《いけだもちまさ》、広島の浅野茂長《あさのもちなが》、徳島の蜂須賀斉裕《はちすかなりひろ》らは、外国艦隊の侵略から長州を救ったのちに征討出兵を行なうべきであると主張し、また、筑前、津和野、宇和島の諸藩は長州藩に対して、謝罪して恭順の態度をとるように勧告するなど、同情的であった。幕府側の一橋慶喜や薩摩藩は別として、西国の主要な藩は、征長出兵によって幕府の指揮権が強まり、権威が増大することを警戒したのである。むしろ閑叟の大局的な洞察は正しかったといえよう。

こうして第一回征長計画は長州藩の恭順・伏罪によって収束したかに見えたのであるが、さらに幕府は将軍親征による長州再征を決定する。慶応元年(一八六五)五月十六日、将軍家茂は江戸を出発し、同二十二日に京都に着いた。しかし朝廷ならびに諸藩は、長州再征に賛成ではなかったのである。

アームストロング砲（模造）
佐賀城本丸歴史館蔵

第四章　慶応から明治へ

幕府の終焉と鍋島直正

慶応元年（一八六五）五月十六日、将軍家茂は江戸を出発し、閏五月二十二日、京都に着いた。第二次長州征討の軍を自ら進めるためであった。しかし、朝廷ならびに諸藩は長州再征に賛成ではなかった。後日、十月一日に家茂は、イギリスの兵庫開港要求をめぐって将軍辞職の請願を出しているが、朝廷は十月五日に兵庫開港をのぞく安政条約の締結に勅許を与えたものの、家茂の辞職は許さなかった。

まさにその慶応元年当時、閑叟は、柄崎《つかざき》（武雄）温泉で湯治をしたり、同年五月十九日には、長崎の五島町の深堀屋敷で蘭医ボードインの診察を受けたりしている。そんな体調にあった閑叟であるが、病をおしてイギリスの商人グラバーを訪問し、アームストロング砲を注文したり、イギリス軍艦に乗り込んで、機会があればイギリスへ渡って国王にも面会したいなどと気炎をあげたという。

八月二十日には、佐賀藩の英語研修生・石丸虎五郎の案内で、致遠館の教師がアメリカ領事フレンチとともに佐賀を訪れ、藩校弘道館などを見学し、川上の実相院付近を散策したのち、武雄、有田、伊万里、嬉野を経て長崎へと帰っていった。その折、嬉野の温泉を東洋屈指の保養地と激賞したというが、閑叟はボードインのほかに、フレンチとも親交があったのである。

長州征討の手をゆるめようとしない幕府は、九月二十一日、ついに征長の勅許を得た。これに対して、西郷隆盛や大久保利通ら薩摩藩士は征長をおさえるために、島津久光、松平慶永、伊達宗城らの上京をうながし、諸侯会議による幕府牽制を試みたが、成功しなかった。幕府は、翌慶応二年六月五日をもって総攻撃を開始することを決定した。しかし薩摩藩は出兵を拒否している。慶応元年から二年春にかけて、薩長連合の密約が成立していたからである。

慶応二年三月一日、家茂は、大目付田沢対馬守政績と目付松浦越中守信を佐賀へ派遣し、閑叟に大坂に滞在中の将軍のもとに来るよう要請した。閑叟は、病気を理由にこれを断わり、局外者として横から口を出すことは他の疑惑をまねくことになる旨を伝えた。閑叟の胸中には、薩摩と同様、元治元年以来、征長には賛成できないという真意があったのである。なおこの直前、二月二十八日に閑叟の長姉・猶姫（伊達宗城の室）が五十九歳で他界し、四月二十一日には閑叟の腹違いの兄で執政を務めていた鍋島安房茂真が五十四歳で没した。この間、閑叟は、もっぱら柄崎温泉で湯治保養に専念している。

長州再征において幕府軍が敗退をかさねている最中、七月二十日に将軍家茂が死去し、朝廷から幕府に対し征長停止の勅命が下り、長州との間に休戦協定がむすばれた。十二月五日、一橋慶喜に将軍宣下のことがあり、慶喜は正二位権大納言・征夷大将軍となった。すでに慶喜は、九月二日に施政方針をうちだして幕政改革に着手していたが、その直前の八月十七日付発給・同三十日付着信の文書によって、慶喜は閑叟に上京を促している。さきの家茂の招請につづき、将軍後継者慶喜による約五ヶ月後の要請であった。鍋島閑叟の存在が大きな意味をもっていたことがわかるのであるが、閑叟は病状がおもわしくなかったので、十一月七日に上京猶予を請願した。

慶喜に将軍宣下のあった二十日後の十二月二十五日、家茂につづいて孝明天皇が三十六歳の若さで崩御せられた。このとき閑叟は、天皇の喪に服するために食事を精進料理に限らせたが、これが閑叟の身体を一層衰弱させたとも伝えられている。

慶応三年一月十八日付の慶喜書翰が、若年寄永井《ながい》尚志《なおゆき》によって閑叟にとどけられた。たびかさなる上京の催促であった。

六月十一日、ついに閑叟は衰弱した体をおして上京の途についた。途中、熊本に一泊し、翌日、藩主細川韶邦《ほそかわよしくに》・護久父子(実は兄弟)と対面。阿蘇から豊後へ向かい、佐賀関から電流丸に乗船し、二十七日に京都に着いている。ちなみに、このころ細川護久と閑叟の次女の宏姫とは婚約中の間柄となっており、二人は明治元年（一八六八）に結婚している。

着京以後の閑叟の動向は『伊達宗城在京日記』に詳しいが、七月に入り、一時、病状が悪化したので、慶喜が将軍侍医の戸塚文海を派遣して閑叟の診察を命じたこともあったという。宗城は、慶喜と閑叟が何を相談するのかと関心をもっていたが、七月十九日に二条城で行なわれた会談の内容は不明であったという。また二十七日に、閑叟は大坂城で慶喜と対面したが、やはり会談の内容は不明であったという。

そのときのようすを、イギリスの外交官アーネスト・サトウが書き残している（アーネスト・サトウ『一外交官の見た明治維新』）。

やがて大君《タイクーン》は肥前の前大名松平閑叟《カンソー》（訳注　鍋島斉正、後直正《なりまさ》〔ママ〕）を呼びにやり、彼をハリー卿と提督に紹介した。松平閑叟は四十七歳〔五十四歳〕だが、年よりも老《ふ》けていた。顔つきがきつくて、たえず両眼をしばたたかせながら、時々思い出したように、ぶっきら棒な調子でしゃべった。彼は日和見《ひよりみ》主義者で、大の陰謀家だという評判だったが、はたして一八六八年（訳注　明治元年）には革命の瞬間までその去就がだれにもわからなかったのである。閑叟は大君《タイクーン》のすぐ左に座をしめた。彼が同僚に対する場合と異なった尊敬を大君《タイクーン》に払っていた唯一の証拠は、話の中で「あなた」という代わりに「上《カミ》」という言葉を使用していたことだ。ハリー卿は閑叟の招きで佐賀の居城を訪問せんものと先方の気を引いてみたが、彼はきわめて用心深くて、いつか長崎でお会いすることもありましょうと言っただけだった。そしてハリー卿のこの希望は実現しないでしまったのである。

また、翌慶応四年二月三十日に関する記録では、サトウは、「風聞によると、隠居した肥前の前の大名で、一般に二股膏薬《ふたまたごうやく》さんと思われていた松平閑叟老人《カンソー》が、まもなく京都へ上って来るという」と毒舌を吐いている。なお、慶喜は水戸の徳川斉昭の三男であるが、弟の四男の川越藩主松平直侯《まつだいらなおよし》の室は、閑叟の長女の貢姫である。

公武合体派の閑叟が日和見主義と目されたのはしかたないかもしれないが、閑叟は朝幕のバランスをとりながら慎重に挙国一致体制をとるべきだと考えていた。奥羽越列藩同盟のように、アメリカの南北戦争を意識しながら欧米諸国の外交官たちに、日本の国内戦争を傍観させ、中立の立場を保持させることが重要で、その意味ではサトウの毒舌に甘んじてもよかった。

徳川斉昭像
（『幕末明治文化変遷史』東洋文化協会）

戊辰戦争と佐賀藩

慶応三年（一八六七）十二月一日、佐賀藩第十一代藩主鍋島直大（茂実）は、「来辰正月より三月迄、京都三ヵ月詰、御警衛上京仰せ付けられ」となって、翌慶応四年正月七日に発駕、二月二日に京都に着いた。閑叟は、正月九日に伊万里港で電流丸に乗船して翌十日出発の予定であったが、延期された。電流丸は直大を大坂へ運び、二月一日、ただちに引き返し、閑叟を乗せて二月二十日に出発し、閑叟は二月三十日に着京した。

　慶応四年三月一日、閑叟は議定に任命されたが（閏四月二十一日退任）、直大も二月二十二日に「茂実」の名で任命されている。明治新政府の三職は、総裁には有栖川宮熾仁親王《ありすがわのみやたるひとしんのう》が就任し、議定に任命されたのは、大名からは鍋島閑叟および直大（父子ともには鍋島氏のみ）のほか、松平慶永、細川護久、伊達宗城、島津忠義、山内豊信、毛利元徳など十四名と、皇族・公卿からは三条実美、岩倉具視、有栖川宮幟仁親王《たかひとしんのう》など十四名であった。議定の下に参与がおかれ、大隈重信、副島種臣、大木《おおき》喬任《たかとう》、堤哲長《つつみあきなが》、大久保利通、後藤象二郎、伊藤博文ら、公卿・旧藩士たちから一〇六名が任命された。

　このときの閑叟の上京に際して、御座船の電流丸の御供船として孟春丸《もうしゅんまる》（船将中牟田倉之助・軍艦奉行島義勇）が派遣されているが、この孟春丸（エウジニー号）は、中牟田倉之助が藩の許可もないまま、イギリスから独断で八万八千五百両（現・約八十八億五千万円）で購入の契約をしてしまったものであるともいう（秀島成忠『佐賀藩海軍史』）。

　当時の島義勇の『日記』（佐賀市文化財、慶応四年戊辰二月十六日～五月六日）によると、二月二十日に三重津を出発した孟春丸は、平戸の久原で石炭を積みこみ、二十三日に兵庫（神戸）着。宇和島藩主伊達宗城と面会して、翌日には大坂へ向かい、京都で直大の宿陣（隊員八二四名）を訪問する。島は在京のまま諸藩の海軍と連絡をとりながら、新政府の海軍総督大原俊美《おおはらとしみ》（重美《しげみ》また綾小路俊実）の指揮下に加わり、江戸へと向かった。このころ直大は、幕府から預って神戸港につないでいた観光丸（スンビン号）を政府に献納している。

江戸に着いた島義勇は、三月二十四日に勝安房守（海舟）を訪ね、二十五日には品川で江藤新平と会ったりして、江戸市中の調査にあたっている。さらに

勝海舟／福井市立郷土歴史博物館蔵

二十八日から三十日までの三日間、島は旧幕府の陸軍総裁勝海舟や海軍総裁矢田堀讃岐守鴻を訪れ、大原俊実の意を伝えて朝廷への帰順を説いた。『海舟日記』によると、「海軍先鋒大原俊実、佐賀藩士島団衛門（弾右衛門）義勇ヲシテ旧幕府陸軍総裁勝海舟ニ説キ、旧幕府ノ軍艦ヲ納レテ帰順セシム、義邦（海舟）、之ヲ辞ス」とあるが、島の説得は夜を徹して行なわれたという。

四月一日、島は旧幕府海軍副総裁榎本和泉守武揚と会見し、幕府の海軍学寮に予定されていた浜御殿を見学するなど、調査を続けた。四月二日、新政府は、横浜裁判所（行政府）総督東久世通禧と同副総督鍋島直大に、江戸開市にともなう商業・経済活動を管轄し、治安維持にあたることを命じた。

また島の日記には、四月四日の政府軍の江戸入城のようすが詳記されている。将軍慶喜の代理をつとめていた城中の田安中納言徳川慶頼《とくがわよしより》らは恭順の意を示し、各藩の参謀クラスの武士たちにも「低頭平身」の挨拶があったという。四月十一日条には、上野の寛永寺大慈院から水戸へ向かった慶喜が、途中、政府の総督・鎮撫使や副総督らの宿陣を通過するとき、恭順の意をあらわして馬上からおりて徒歩で進み、千住宿あたりで再び乗馬して進んだことなども記している。江戸城周辺の警備の諸藩士は三千人ほどが詰めていたという。とにかく無血開城・入城は成功したのである。

以下、島日記には、四月十六日条の、大総督有栖川熾仁親王が増上寺に入り東征軍の中心勢力が集結したことや、また幕臣大沢甚之丞からの軍艦脱走仕末報告書や、十七日条の参謀西郷隆盛の発給した征討軍陣中規則など、他には見られない貴重な史料も記録しているが、この日記は、上野戦争における官軍総攻撃（五月十五日）の直前の五月六日で終わっている。

島義勇の日記は正確で、政府側の『維新史料綱要』『江城日誌』などの記載とも一致している。四月二十八日条の、幕府軍艦四隻を受け取ったうち、翔鶴丸を佐賀藩が預かることになったこと。閏四月一日条の、藩主直大と対面し、佐賀藩に割り当てられた軍事負担金七千両のうち三千両を東久世総督に献上していること。また同月六日条では、大原俊実の使者として京都の岩倉具視や三条実美らに会うために江戸を出発することとなり、七日の昼ごろに直大に対面して『令義解《りようのぎげ》』二部を献上したことが見えるが、王政復古にあたって島は、文字どおり古代律令制度を研究することを勧めたものと推考できる。

また、このころ総督府軍監の江藤新平も江戸から京都へ向かい、軍務官判事大木喬任と協力して、江戸遷都の建白書を岩倉具視に提出していた。のち七月四日には、閑叟も岩倉に天皇の東京御巡狩（行幸）を建言しており、同月十七日には東京奠都が決定し、詔《みことのり》が出された。

このように、幕末維新期に佐賀藩からは多くの人材が輩出し、当時の政局の中枢を占めていたといえるのである。またいうまでもなく、五月十五日の上野戦争では佐賀藩のアームストロング砲二門が金沢藩邸（現・東京大学）にすえられ、大村益次郎の指揮のもと不忍池を越えて寛永寺を砲撃し、一気に勝敗を

松平容保／会津若松市蔵

決している。

明治元年（慶応四年・一八六八）八月二十五日、佐賀藩同砲は会津若松城を攻撃し、二十七日に城中火災、九月二十二日には落城した。この攻撃の主力であった佐賀の多久茂族軍が松平容保・喜徳《よしのり》父子を東京まで護送したが、会津側には、そのときの多久軍の礼儀を尽くした態度への讃辞が残されている。

箱館へ向かう佐賀藩軍艦延年丸の乗員
(『佐賀藩海軍史』知新会)

またこれよりさき、沢宣嘉《さわのぶよし》の『九州事件並長崎裁判所御用仮留日記』(東京大学史料編纂所蔵)によれば、三十一藩からなる奥羽越列藩同盟から、政府の北征軍は単なる「薩長ノ二賊」ではないかと批判されたことに対して、岩倉具視たちは九州諸藩から三二五〇人を動員しようと図り、七月九日に副島種臣を密使(御内勅)として派遣しているが、このとき佐賀への動員の割り当ては千人であった。

明治二年五月十一日の箱館戦争においては、佐賀藩兵(海軍)は、全八艦のうちの陽春丸、延年丸、朝陽丸の三艦に乗り組み、奮戦している。この戦における政府軍の戦死者六十五名中の五十一名は、轟沈した朝陽丸の佐賀出身乗組員で、艦長の中牟田倉之助も重傷を負っている。各艦とも活躍したこともさることながら、佐賀藩の犠牲者も多かったのである。

奥羽越列藩同盟

慶応四年五月三日、鍋島直大に下総・上野・下野鎮圧の命が下り、島義勇は同月五日付で大総督府軍監となった。命に応じて直大は、下総に五四〇名、上野・下野に九三八名を出兵し、さらに北越戦争に際しては二八五一名を動員しており、佐賀の出兵は支藩を入れると総勢四七一一名にのぼった。直大が総野鎮撫の命を受けた五月三日には、奥羽二十五藩、北越六藩の計三十一藩による奥羽越公議所が設立され、「奥羽越列藩同盟」が成立していた。

同年閏四月、島義勇は京都御所で閑叟と出合い、藩主直大への命令伝達を命じられたと推察される。それは、在京の熊本藩主の名代である長岡護美（藩主慶順こと詔邦の弟）からの依頼であった。熊本藩では、徳川慶喜を擁護する立場から、藩論を統一し、遠く離れた弘前の藩主津軽承昭《つがるつぐあきら》（長岡護美の弟）とも連絡をとり、勝安房らにも働きかけて薩長の勢力を押さえる計画を立て、藩の重臣竹添進一郎ほか二人を弘前まで派遣しようとしたが、その手立がないので、佐賀藩の前山隊を中心とする奥羽鎮撫軍に依頼して北上したいと願い出たのである。奥羽鎮撫総督参謀の佐賀藩士前山清一郎も、佐賀藩兵の隊長鍋島孫六郎以下の幹部も、みな細川藩の使者の同行を認めた。「細川家ハ元ヨリ鍋島家ト親戚ナレバ之ヲ諾セリ」という次第であった。

奥羽の佐賀藩精兵七百五十三人、小倉藩精兵百四十二人の混成軍は、奥羽鎮撫総督・左大臣の九条道孝が仙台藩に軟禁されるかたちとなったため、仙台へ派遣されたものであった。外国事務局にいた大隈重信は、横浜でイギリス汽船を政府が買い入れることに便宜をはかり、船は慶応四年閏四月二十七日に出航し、二十八日に仙台領東名浜に着いた。全く電撃的な手配である。仙台藩は前山隊を一時的には拒んだが、「我等ハ徒《いたずら》ニ官軍ノ上陸ヲ拒ムニアラズ、薩長ノ人ハ私怨ヲ以テ酷薄ニ会津ヲ処分セントスルニヨリテ薩長ノ兵ヲ拒ムナリ、鍋島ノ兵ナラバ上陸セラルベシ」と、結局はこれを受け入れている。

鍋島家は、宇和島の伊達家とは近い親戚でもあり、細川家も同類であった

（66頁図参照）。さらに仙台の「伊達家文書」（仙台市立博物館蔵）によると、当時の藩主伊達慶邦は水戸の徳川斉昭の女婿であり、また水戸藩主徳川慶篤（斉昭の長男で慶邦の義兄）は将軍慶喜の兄であり、閑叟の女婿である川越の松平直侯の兄でもあった。慶邦は肥後の細川斉護・韶邦、薩摩の島津斉彬（閑叟の従兄弟）などとも親交があった。水戸、一橋、伊達、細川、鍋島のグループは、世間からは一橋派と目され、またこれは十一代将軍家斉を中心とする公武合体派としてのメカニズムをそなえていたのである。

東北地方では、会津の松平容保の養嗣子となった徳川喜徳も斉昭の十三男で、慶邦の義兄にあたる。この東北地方の政治的ベクトルは、慶喜の大政返還の奏聞（十月十四日〈一八六七年十一月九日〉）が十月十五日に嘉納されたところで決定づけられた。薩長側が受けたという討幕の密勅は公表されていなかったし、二十一日には討幕は見合わせるという朝廷の沙汰もあったので、薩長側は、ただちに軍事行動をとることもできなかった。朝廷も二十二日に大名たちに上京を命じ、二十四日には慶喜が将軍辞退の奏聞書を出していた。

藤原相之助『仙台戊辰史』が主張するところでは、「史家多クハ奥羽越戊辰ノ乱ヲ仙台及ビ米沢ガ会津庄内ヲ救ワントシタルニ原因ストイウモ、実ハ新政府ガ会津庄内ニ対スル態度ニ関シ仙台ガ主トシテ政治上ノ見識ヨリ反対シ騎虎ノ勢イ彼ノ如キ状態ニ陥リシモノトイウヲ至当ス」とあって、「政治上ノ見識」では、朝廷の政略ではなく、「一、二参謀ガ私怨ヲ晴サントシテ此ノ騒乱ヲ醸シ出セルノミ」と解釈した。討幕のための戊辰戦争は江戸開城をもって終結しており、第二の戊辰戦争（東北戦争）は「私怨」の戦いであると判断しているのである。

仙台藩としては、「総督ニ建言シ此際《このさい》列藩ヲ巡行セシメ朝廷安撫ノ道ヲ尽サシメントス、願ワクハ貴藩〔佐賀藩〕之ヲ先導シ朝廷ノ恩威ヲ宣揚シ列藩ノ疑イヲ解キ民ノ望ミニ副ワシメヨ」と、前山清一郎に理解を求めていた。前山は九条総督の転陣を提案したが、仙台側では九条擁立を考えていた。四月二十五日の段階では、九条総督の意見としては、仙台藩が会津開城を説得できれば会津征討は不必要であると慶邦に明言していたという。会津は、いったんは嘆願書（閏四月一日）を提出したが、結局、挑戦的になり、総督府参謀の世良修蔵《せらしゅうぞう》は佐賀軍到着の八日前の閏四月二十日に福島藩士により斬首され、五月三日の列藩同盟結成となった。

その直後、江戸では五月十五日に上野戦争の総攻撃となった。上野の戦火を逃れた輪王寺宮公現法親王《りんのうじのみやきみありほっしんのう》（北白川宮能久親王）は、伏見宮邦家親王《ふしみのみやくにいえしんのう》（仁孝天皇の御名代五名中の一人）の第九皇子で、六月二十一日に仙台に着いた。七月十日、一品法親王として令旨《りょうじ》を発給した。まず、一三二七年ごろ討幕運動を起こした後醍醐天皇の皇子・大塔宮護良親王《おおとうのみやもりよししんのう》令旨になぞらえて、薩長主導の戊辰戦争を非難し、「孤〔宮〕ハ今上〔明治天皇〕ノ叔父〔孝明天皇の御名代五名中の一人〕ナリ、孤ニアラズシテ誰カ此ノ奸〔薩長〕ヲ明白ニスベキ、故ニ

鍋島直正書「先憂後楽」　先天下之憂而憂。後天下之楽而楽。丙辰春仲書於拳堂。麓門。（范仲淹「岳陽楼記」句）／佐賀県立博物館蔵

今、万死ヲ冒シテ之ヲ一言ス」と烈しい調子であった。一方、徳川の家名存続のためにもさまざまな動きがあり、閑叟も朝廷に対して閏四月四日に歎願書を上申した。なお、皇妹である十四代将軍家茂夫人静寛院《せいかんいん》（和宮）は能久親王へ、十三代将軍家定夫人天璋院《てんしょういん》（篤姫）も能久親王および伊達慶邦に徳川家名存続を陳情している。

宮の側近としては、小笠原長行《おがさわらながみち》と板倉勝静《いたくらかつきよ》の二老中が変名で侍していた。この政権としては、アメリカの南北戦争（一八六一～六五）やリンカーンの思想にも関心をもち、諸外国各公使にもその存在を通告していたし、事実、新潟や箱館の外国人たちには、日本の西の政府に対する東の政府として認識されていた。しかし九月二十二日、佐賀藩多久領主多久茂族軍のアームストロング砲の火力によって会津若松城が開城し、総督府に対する仙台藩主伊達宗敦《だてむねあつ》の謝罪文や宮の歎願書も提出され、奥羽越列藩同盟も解体した。ここに東西両政権の対立は、前山清一郎の強引な九条道孝の盛岡への動座、さらには弘前や津軽への説得、また武雄茂昌軍八三九人の久保田での活躍などにより、法親王の奥州動座を頂点として和解の方向へ進んだ。

八月一日付の法親王の伊達慶邦宛の手書（伊達家文書）と、八月四日付の「奥羽人民への告諭」（天皇の御沙汰書、『七年史』下巻）によって、同盟の政治的立場が軟化して解体しやすくなったのである。すなわち、前者は慶邦らの政治的立場に配慮し、あくまでも孝明天皇の御名代として、公武合体派の理念のもと、同盟の盟主として薩長政府と対決しようとしたのであると軍略を示したものであり、後者は薩長の戦略を、天皇の告諭という形式をとって「大政古《いにしえ》に復す、是《これ》全く大義名分の存する処にして、天下人心の帰向する所以《ゆえん》なり」とし、大政奉還は「自然の勢《いきおい》」「奥羽一隅いまだ皇化に服せず」、衆民は「朕《ちん》の赤子《せきし》」「朕の一家」であり、「宜《よろし》く此機《このき》を失わず、速《すみやか》に其方向を定め、以て其素心を表せば、朕親しく撰ぶ所あらん」とあって、降伏勧告であった。

『仙台戊辰史』によれば「総督（九条道孝）ヲ擁護シテ民情ノ定マルヲ待ツナリ、清一郎（前山）掌ヲ撫シテ曰ク、是アルカナ、予ハ貴藩（仙台）ノ誠意ヲ諒《りょう》トス」とあって、仙台藩と佐賀藩の協力態勢はできており、南部藩老臣の楢山佐渡が京都で岩倉具視と接したときには、岩倉も、新政を布くにあたって、薩長の専恣を押さえる意味で同盟を「嘉《よみ》スベシ」と賛意を示したという。八月五日の佐賀藩家老鍋島上総軍五百名、八月二十二日の佐賀小城藩田尻宮内軍五百余名などの活躍や、会津開城後における多久茂族軍が松平容保父子および重臣五名を東京へ護送した件については前述したが、『七年史』下巻によると、十月十七日、佐賀藩士徳久幸次郎は妙国寺に「容保父子及び家臣五人を東京に召すの書を伝えけり」、「但《ただし》肥後（松平容保）始護送の儀は、肥前藩へ仰せ付けられ候事」とあり、さらに「旅中、肥前藩の護衛将士、皆慇懃《いんぎん》懇篤《こんとく》にして、礼節を重んずる、極めて深かりけり、真《まこと》に武士の本分を知ると云《いう》べし」と、その行動に讃辞を贈っている。陣中の名誉である。

岩倉具視／福井市立郷土歴史博物館蔵

多久家史料の『水江事略』所収「茂族公譜」では、その事実を坦々と記し、「九月二十二日、是《ここ》ニ於《おい》テ奥州悉《ことごと》ク定マル、之ヲ戊辰役ト称ス」とする。ちなみに、多久茂族の親衛隊士副島哲吾は今上天皇の皇后陛下（美智子皇后）の母方の曾祖父にあたられる。また総督・左大臣の九条道孝の息女節子姫は大正天皇の皇后（貞明皇后）となられ、輪王寺宮公現法親王の兄の中川宮朝彦親王の孫娘である久邇宮良子姫は昭和天皇の皇后（香淳皇后）となられている。

廃藩置県

明治二年（一八六九）五月十一日、箱館総攻撃となり、五月十八日に戊辰戦争は終結する。このころ五月十三日に、新政府では三等官以上の公選により、輔相《ほしょう》、議定《ぎじょう》、参与《さんよ》が選出された。四十九票で三条実美が輔相に選ばれ、四十八票の岩倉具視、三十九票の鍋島閑叟、三十六票の徳大寺実則《とくだいじさねのり》が議定に選出された。参与には、四十九票の大久保利通、四十二票の木戸孝允、三十一票の副島種臣、二十六票の東久世通禧、二十三票の後藤象二郎、二十一票の板垣退助らが選ばれた。

これよりすこし前の三月初（四日ごろ）、大隈重信は戊辰戦争をよそに、二月の政府の新貨鋳造の決定をうけて、新貨の形状や価名（円）などに関する建議書を政府に提出した。他方では、三月三十日、外国官副知事でもあった大隈は会計官副知事も兼務することになり、五月二十九日に政府は貨幣制度の改革を諸外国に通告した。八月十一日、民部大輔の大隈は大蔵大輔を兼務することになるが、当時の大蔵卿は福井の松平慶永（閑叟の義兄）であった。明治六年十月に大隈は大蔵卿となるが、大隈のあとは佐野常民が大蔵卿を引き継いだ。

大隈重信は、明治初年の外交・財政の中心的存在となっていた。しかし国内政治の面では、明治四年七月の廃藩置県の断行にあたって、岩倉具視に対し、薩摩、長州、土佐による三藩親兵の計画に、熊本とともに佐賀からも親兵を派出することを働きかけたが、否定されている。また版籍奉還に関しても、明治二年一月十四日夜の、いわゆる「円山会議」（京都）における、薩・長・土の「三藩同心戮力」の決定の場には、肥前佐賀は加えられていない。結局、長州の『広沢真臣日記』の明治二年一月十八日条に、突然、「薩土肥長御連名御建白一件なり弥《いよいよ》治定す」と、肥前の名前が出てくるのである。

『木戸孝允文書』によると、二月九日付の岩倉具視宛の木戸書翰では、閑叟公の理解を求めるという願いを伝えていて、「閑叟公は此度之《このたびの》建言、御同意」を信じながらも、閑叟の「御先見」を確かめたいというのであった。『大隈重信関係文書』にも、正月ごろ、伊藤博文が大隈に対し、肥前が参加するように尽力するよう交渉している書翰が見えている。

木戸の日記によれば、一月十八日条で、土佐の山内容堂（豊信）の賛成を喜び、三条や岩倉にも「土老（山内容堂）」の「大悟」「御決心」を感心しているので（二月一日付）、閑叟も、一月十四日以降、十八日までには版籍奉還を決断したのではなかろうか。『鍋島直正公伝』第六編にも、副島、大木、大隈の三名が閑叟の病体を心配して、「領土を返納」と「藩の終りを告ぐる」ことに痛心した、とある。

直正公の最期

六月十七日、佐賀藩の版籍奉還は聴許となった。鍋島直正（明治元年二月八日に松平称号改め）は五月十五日に上局議長に就任、六月六日には蝦夷開拓総督に任命され、島義勇も同御用掛（判官）となった。安政年間以来の直正の北海道開拓に対する関心と、直正の指示を受けた島義勇の蝦夷地調査などの実績による人選であった。のち八月十五日に蝦夷は北海道と改称され、直正は開拓使長官となり、さらに十六日には大納言に任命されたが、直正の病状がおもわしくないため、二十五日に東久世通禧が開拓使長官を引き継いだ。しかし、直正は八月二十八日の御前会議には大納言として出席しており、天酌を受け、金五十両、印籠、羽二重一疋を下賜された。九月二十七日、集議院議場に天皇が出御されたときには直正も侍座し、十月七日の集議院開会にあたっても臨席している。十二月二日には天皇陛下のお見舞いを受けている。

明治三年一月以降、直正の病状は一進一退で小康を得ていたが、八月には大納言を辞退した。しかし、これに対し、「今後、在職同様の心得をもって国事御《ご》諮詢《しじゅん》の節々《ふしぶし》出仕致すべき事」との追記の別紙があった。

明治四年（一八七一）一月から直正は極度に衰弱しながらも、明治天皇がまだ種痘を受けておられないことを心配し、その意を側近の古川与一《ふるかわよいち》（松根《まつね》）を通じて岩倉に進言した。なお別伝によると、天皇御生母方の祖父の中山忠能《なかやまただやす》が極秘で明治天皇に接種を行なったという。直正、以て瞑すべし、である。

一月十七日の天皇からの見舞下賜の甲斐もなく、十八日午前六時ごろ、鍋島直正は永眠した。葬儀委員長は古川与一、副委員長は久米邦武であった。墓碑

鍋島直正書「暮春浴泉雑作」　澗上花零新緑柔。春衣好作浴泉遊。孔門碌々三千子。点也当年第一流。庚午暮春。悾庵。／公益財団法人鍋島報効会蔵

には「贈正二位藤原朝臣鍋島直正卿之墓」とするが、葬儀の柩《ひつぎ》には「故従二位大納言」と肩書きが付された。一月二十一日、古川与一が藩主に対するものとしては最後の殉死をとげた。旧藩主の最後を象徴する殉死であった。佐賀市大和町春日山の御墓所では、直正の墓碑のうしろ筋に寄り添うように古川与一の墓石がひかえている。閑静な竹林のなかで、在りし日の種々の物語を、君臣ともども喃々《なんなん》と語りつづけていることであろう。

明治八年四月、直正を合祀した松原神社は県社となり、明治三十三年三月には正二位から従一位に昇叙され、昭和八年九月創建の佐嘉神社に遷座され、同十月十二日に佐嘉神社は別格官幣社となった。

幕末雄藩の藩主鍋島閑叟公は、明治新政府においても旧大名として最高の大納言にまで昇進し、その間にあって数多くの人材を養成して日本の近代化を先行せしめた。封建制度の世にあっては、絶対的権威をもつ藩主は暗愚であってはならなかった。しかも閑叟公のように自ら「先憂後楽」を体し、身を以て領国と領民を保全しなければならなかった。鍋島閑叟公は初代鍋島勝茂を範として終生を貫き、国際的な知識と感覚をそなえた真の開明的君主であり指導者であった。

あとがき

筆者の鍋島閑叟公との出会いは、約七十年前にさかのぼる。昭和十六年（一九四一）佐賀県立佐賀中学校に入学するため、北京日本人小学校から佐賀に単身移住させられた。太平洋戦争開戦の年である。先祖代々島根県人であった父は、岩倉具視や横井小楠の子弟教育になぞらえて、閑叟公の教育理念の生きている佐賀を選んだのであった。そして軍国少年は陸軍予科士官学校を選んだ。学校長は牟田口廉也《むたぐちれんや》中将（佐中出身）であったが、戦後は京都の「一燈園」で、これも武士道と、各戸の下肥えを汲んで生涯を終えられた。

佐賀は「歴史の国」であった。久米邦武に憧れ、竹内理三先生に師事した。実証主義派の総帥、竹内先生は文化勲章を受章された。弟子は収縮するばかりであった。せめて、幕末の名君の偉大さを後世に伝える使命を果たすことによって佐賀と竹内先生に報恩するため命を繋ぐしかないと覚った。

今、計画中の「佐賀偉人伝」は、ただ過去の偉人たちを顕彰するだけのものではない。

歴史学が過去をたどり、現在の成り立ちを知り、将来の方向性をさぐるように、この「偉人伝」を読むことによって、多くの先人が人間として、それぞれの時代で最も大切なものを学びとって社会を推進したことを参考にして、一人ひとりが、自らを発見、認識して、自省しながら、世のため、人びとのため、生きていくものたちのために、何ができるか、その理想を見定めて欲しいと念願している。また、単に「知ること」の楽しみを味わって欲しい。「知ること」で、誰彼なしに語りたくなるような、「読みこみ」もして欲しい。

それには、いろいろな分野で、いろいろな経験をした、人間的にすぐれた人物を沢山とりあげたい。数かぎりない「偉人」を見出だしていくことは至難の業である。この「偉人伝」をきっかけにして、かくれた「偉人」を発掘したいと希望している。

なお、本書の引用文については、新字新仮名遣いで表記し、漢文的表記は訓読し、必要に応じて読みがなを付し、〔　〕に補足を加えたことをおことわりしておく。

鍋島直正関連略年譜

(西暦)	(和暦)	(年齢)	(事項)
1814	文化11	1	12.7 鍋島直正誕生。
1819	文政 2	6	古賀穀堂，直正の御側頭となる。
1825	文政 8	12	直正，将軍家斉の娘(盛姫)と結婚。
1830	天保 1	17	2.7 直正，佐賀藩主家督を相続。5.1 粗衣粗食令を出す。7.4 直正，長崎の唐館・蘭館を巡視。10.14 古賀穀堂を御年寄相談役に任用。
1831	天保 2	18	6.14 古賀穀堂，『済急封事』を提出。9月，長崎警備を強化。12.5 伊東玄朴(蘭医)を藩御用一代侍に任用。
1832	天保 3	19	6.20 向こう5年間，城中諸役の倹約令を公布。
1833	天保 4	20	2.19 直正，砲術訓練を奨励し，巡視。6.11 財政再建7ヶ年計画を作成。9.12 古賀穀堂，藩政改革の意見を提出。
1834	天保 5	21	7.16 医学館を城下八幡小路に設立。
1835	天保 6	22	5.10 佐賀城二の丸から出火，焼失。
1837	天保 8	24	4月，岩田砲術練習場で大砲の実射試験。
1839	天保10	26	1.28 鍋島斉直没(60歳)。10月，直正の姉(猶姫)，宇和島藩主伊達宗城に嫁す。
1840	天保11	27	5月，弘道館を拡張し，学館頭人に執政鍋島安房を任用。6.24 今津江尻で軍艦38艘による海軍演習を実施。9.6 神埼郡岩田で高島流砲術演習を実施。
1841	天保12	28	8.17 直正の姉(定姫)，久世通熙に嫁す。10.17 大野原で異国船攻撃の大演習を実施。
1844	弘化 1	31	4.20 長崎伊王島に大モルチール砲を設置。5.5 火術方を設け，砲術研究を開始。8.6 オランダ式銃100挺の製造を開始。9.19 直正，オランダ軍艦パレンバン号を見学。
1846	弘化 3	33	8.27 嫡子淳一郎(のちの直大)誕生。
1847	弘化 4	34	2.10 直正の正室盛姫没(37歳)。
1849	嘉永 2	36	8.22 楢林宗建，直正の世子淳一郎に種痘を実施。12.6 直正，田安家の筆姫と再婚。
1850	嘉永 3	37	10.2 築地に反射炉を築き，大砲を鋳造。8月，家中の文武課業法を制定。
1852	嘉永 5	39	11.10 精煉方を設ける。
1853	嘉永 6	40	8.14 直正，幕府に攘夷を建言。8月，オランダ商館長に軍艦購入を依頼。8.15 幕府，大砲50門を佐賀藩に注文。
1854	安政 1	41	1.22 幕府，直正の諸公務を免除し，長崎警備専任を命ず。8.18 伊王島，神ノ島の築堡完成。8.26 直正，オランダ船スンビン号を見学。
1857	安政 4	44	5～11月，島義勇，蝦夷地を調査。
1858	安政 5	45	1.23 三重津に船手稽古所(海軍学校)を仮設。10.9 オランダから電流丸を購入。
1859	安政 6	46	12.16 直正，中将に昇任。12.18 幕府，観光丸を佐賀藩に預託。
1861	文久 1	48	11.20 直正隠居し，直大が家督相続。
1862	文久 2	49	5.8 軍制改革を実施。12.19 直正参内し，攘夷の勅命を拝受。
1863	文久 3	50	10.11 三重津で幕府注文の蒸気機関を完成。
1865	慶応 1	52	5.19 直正，長崎でボードインの診察をうける。9月，三重津造船所で凌風丸が完成。
1866	慶応 2	53	2.22 将軍家茂，親書をもって直正に上坂を要請。5月，皐月丸を購入。8.30 一橋慶喜，親書をもって直正に上京を要請。
1867	慶応 3	54	7.19 直正，大坂で慶喜と会談し，長州処分の意見を発表。
1868	明治 1	55	2.6 佐賀藩兵，東征軍北陸道先鋒として従軍。5.15 佐賀藩兵，アームストロング砲をもって上野戦争で活躍。
1869	明治 2	56	5.15 直正，上局議長に就任。6.6 政府，鍋島直正を蝦夷開拓総督に，島義勇を同判官に任命。8.16 直正，大納言に就任。
1871	明治 4	58	1.18 鍋島直正没。

鍋島直正参考文献

浜野章吉編『懐旧紀事』, 吉川半七, 1899 年
秀島成忠編『佐賀藩海軍史』, 知新会, 1917 年
中野礼四郎編『鍋島直正公伝』第 1 ～ 6 編, 侯爵鍋島家編纂所, 1920 年
小野武夫『旧佐賀藩の均田制度』, 岡書院, 1928 年
秀島成忠『佐賀藩銃砲沿革史』, 肥前史談会, 1934 年
ゴンチャロフ『日本渡航記』, 井上満訳, 岩波文庫, 1941 年
アーネスト・サトウ『一外交官の見た明治維新』, 坂田精一訳, 岩波文庫, 1960 年
オルコック『大君の都』, 山口光朔訳, 岩波文庫, 1962 年
カッテンディーケ『長崎海軍伝習所の日々』, 水田信利訳, 平凡社東洋文庫, 1964 年
シャイス「日本開国のためのオランダの努力」,『長崎県史』史料編第 3 , 長崎県史編纂委員会, 1966 年
アレクサンダー・シーボルト「シーボルト最終日本紀行」, 同上
ジョージ・スミス「日本における十週間」, 同上
渋沢栄一『徳川慶喜公伝』 1 ～ 4 , 平凡社東洋文庫, 1967 年
『続徳川実紀』第 1 ～ 5 篇, 国史大系本第 48 ～ 52 巻, 吉川弘文館, 1966 ～ 67 年
『孝明天皇紀』第 1 ～ 5 , 吉川弘文館, 1967 年
川路聖謨『長崎日記・下田日記』, 平凡社東洋文庫, 1968 年
ポンペ『日本滞在見聞記』, 沼田次郎・荒瀬進訳, 雄松堂書店, 1968 年
オイレンブルク『日本遠征記』, 中井晶夫訳, 雄松堂出版, 1969 年
武田楠雄『維新と科学』, 岩波新書, 1972 年
『大日本古文書・幕末外国関係文書』第 1 ～ 40 巻および附録第 1 ～ 7 巻, 東京大学出版会, 1972 年復刻
『日本史籍協会叢書』, 東京大学出版会, 1972 年復刻に収録文献
（「続再夢紀事」「東西評林」「伊達宗城在京日記」「広沢真臣日記」「大隈重信関係文書」「木戸孝允文書」など）
細川家編纂所編『肥後藩国事史料』第 1 ～ 10 巻, 国書刊行会, 1973 年
『佐賀市史』第 2・3 巻, 佐賀市, 1977 ～ 78 年
藤原相之助『仙台戊辰史』 1 ～ 3 , 東京大学出版会, 1980 ～ 81 年
大隈重信述『大隈伯昔日譚』,『続日本史籍協会叢書』東京大学出版会, 1981 年
和辻哲郎『鎖国』, 岩波文庫, 1982 年
『大日本維新史料』全 19 冊, 東京大学出版会, 1984 ～ 85 年
久米邦武『久米博士九十年回顧録』, 宗高書房, 1985 年復刻
杉本勲編『幕末軍事技術の軌跡――佐賀藩史料「松乃落葉」』, 思文閣出版, 1987 年
『佐賀県教育史』第 4 巻, 佐賀県教育委員会, 1991 年
大久保利謙編『久米邦武の研究』, 吉川弘文館, 1991 年
杉谷昭『鍋島閑叟』, 中公新書, 1992 年
ファビウス『日本駐留日記』, 思文閣出版, 2000 年
田中彰『岩倉使節団〈米欧回覧実記〉』, 岩波現代文庫, 2002 年
グリフィス『日本のフルベッキ』, 洋学堂書店, 2003 年
山崎渾子『岩倉使節団における宗教問題』, 思文閣出版, 2006 年
杉谷昭「佐賀大学附属図書館・小城鍋島文庫本『航米日録』について」,『佐賀大学教育学部研究論文集』31 号, 佐賀大学教育学部, 1983 年
杉谷昭「開国前後における日蘭関係」, 同上 37 号, 佐賀大学教育学部, 1989 年
杉谷昭「ファビウスの観た幕末日本海軍」,『比較文化研究』31 号, 久留米大学比較文化研究所, 2003 年
杉谷昭「大隈重信による条約改正計画」,『純心人文研究』11 号, 長崎純心大学, 2005 年
杉谷昭「和魂漢才から和魂洋才へ――久米邦武の知的背景」, 同上 12 号, 2006 年
杉谷昭「『京都守護職始末』にみる元治・慶応」, 同上 13 号, 2007 年
杉谷昭「東久世通禧『西航日記』にみる七卿西国動座の実状」,『佐賀県立佐賀城本丸歴史館研究紀要』 3 号, 佐賀県立佐賀城本丸歴史館, 2008 年
杉谷昭「『三条実美公記』にみる五卿筑前動座について」(上)(下), 同上 4・5 号, 2009・2010 年

鍋島直正関連史跡

春日山御墓所

直正の遺骨は元麻布の賢崇寺に納められ，遺髪のみ春日山に葬られた。平成11年に遺骨が帰郷し，同所に埋葬。直正・直大父子が葬られている。

佐賀市大和町久池井

神野御茶屋

弘化3年，直正が建てた別荘。昭和42年，佐賀市重要文化財に指定。茶室が隔林亭として復元されている。現，神野公園内。

佐賀市神園4-1-3

TEL 0952-30-5681

佐嘉神社

昭和8年に創建され，直正とその子直大が祀られている。

佐賀市松原2-10-43

TEL 0952-24-9195

多布施反射炉跡

品川台場に備える大砲を造るために，佐賀藩が嘉永6年に新設した反射炉の跡。多布施川に沿い，精煉方跡の近辺に位置する。

佐賀市伊勢町

築地反射炉跡

嘉永3年佐賀藩は日本初の反射炉を築いて，国内で初めて鉄製大砲の鋳造に成功した。現,日新小学校付近。

佐賀市長瀬町9-15

三重津海軍所跡

佐賀藩の海軍養成所ならびにボイラー製造所。隣接する歴史館で紹介。

佐野常民と三重津海軍所跡の歴史館

佐賀市川副町早津江446-1

TEL 0952-34-9455

弘道館跡

8代藩主治茂が儒学者古賀精里に命じ，天明元年，松原小路に建てられた。天保11年佐賀城北堀端に拡張移転された。

佐賀市松原2-5-22

佐賀城跡

「鯱の門及び続櫓」は国の重要文化財。現在，天保期の本丸御殿の一部が佐賀県立佐賀城本丸歴史館として復元されている。

佐賀市城内2-18-1

TEL 0952-41-7550

精煉方跡

直正が嘉永5年に創設した佐賀藩の理化学研究所の跡。

佐賀市多布施3丁目

徴古館

鍋島家に伝来した美術工芸品・歴史資料を収蔵・展示する博物館。公益財団法人鍋島報效会が運営。

佐賀市松原2-5-22

TEL 0952-23-4200

鍋島直正公銅像

鍋島直正の銅像は大正2年に建立され，のち金属類回収により失われた。平成29年3月に生誕200年を記念して再建。佐賀城北側に設置された。

佐賀市城内2-14-2

品川台場

嘉永6年，佐賀藩が製造した鉄製大砲50門が設置された。現，お台場海浜公園。

新交通ゆりかもめ•お台場海浜公園駅より徒歩15分

杉谷　昭（すぎたに・あきら）
1928年,島根県生まれ。2016年,歿。
1953年,九州大学文学部史学科卒業。国史学専攻。
文学博士。佐賀大学教授,久留米大学教授を経て佐賀県立佐賀城本丸歴史館館長。佐賀大学名誉教授。
編著書：
『江藤新平』（吉川弘文館）
『佐賀県の百年』（山川出版社）
『続佐賀藩の総合研究』（藤野保編・吉川弘文館）
『近代西洋文明との出会い――黎明期の西南雄藩』（杉本勲編・思文閣出版）
『幕末維新史料拾遺』（第一法規）
『久米邦武の研究』（大久保利謙編・吉川弘文館）
『鍋島閑叟』（中公新書）
ほか

佐賀偉人伝01《さがいじんでん01》
鍋島直正《なべしまなおまさ》

2010年11月20日　初版発行
2023年　6月30日　4刷発行

著　者　杉谷　昭《すぎたにあきら》
発行者　七田忠昭
発行所　佐賀県立佐賀城本丸歴史館《さがけんりつさがじょうほんまるれきしかん》
佐賀県佐賀市城内2-18-1　〒840-0041
電話 0952-41-7550
FAX 0952-28-0220
装　丁　荒木博申（佐賀大学）
編集協力　和田夏生（工房＊アステリスク）
印　刷　福博印刷株式会社
歴史資料の収録にあたり、一部に不適切と考えられる表現の記載もありますが、その史料的な価値に鑑み、そのまま掲載しました
ISBN978-4-905172-00-0　C3323